Bettina von Arnim
Die Günderode
Zweiter Band

AF239505

SEVERUS Verlag

von Arnim, Bettina: Die Günderode. Zweiter Band. 2017
Neuauflage der Ausgabe von 1914
ISBN: 978-3-95801-701-6

Umschlaggestaltung: Annelie Lamers, SEVERUS Verlag

Bibliografische Information der Deutschen Nationalbibliothek: Die Deutsche Nationalbibliothek verzeichnet diese Publikation in der Deutschen Nationalbibliografie; detaillierte bibliografische Daten sind im Internet über https://dnb.de abrufbar.

Der SEVERUS Verlag ist ein Imprint der Bedey & Thoms Media GmbH, Hermannstal 119k, 22119 Hamburg

SEVERUS Verlag, 2017
http://www.severus-verlag.de
Gedruckt in Deutschland

Bettina von Arnim

# Die Günderode
## Zweiter Band

SEVERUS
SEVERUS

# ZWEITER TEIL

Wenn Dich eine höhere Vorstellung durchdringt von einer Menschennatur, so zweifle nicht, daß dies die wahre sei, denn alle sind geboren zum Ideal, und wo Du es ahnst, da kannst Du es auch in ihm zur Erscheinung bringen, denn er hat gewiß die Anlage dazu.

Wer das Ideal leugnet in sich, der könnte es auch nicht verstehen in andern, selbst wenn es vollkommen ausgesprochen wär. – Wer das Ideal erkannte in andern, dem blüht es auf, selbst wenn jener es nicht in sich ahnt.

Die Günderode im Jahr 4

## MAHOMETS TRAUM IN DER WÜSTE

Bei des Mittags Brand
Wo der Wüste Sand
Kein kühlend Lüftchen erlabet,
Wo heiß, vom Samum nur geküsset,
Ein grauer Fels die Wolken grüßet,
Da sinket müd der Seher hin.
Vom tragenden Schein
Will der Dinge Sein
Sein Geist, betrachtend hier, trennen,
Der Zukunft Geist will er beschwören,
Des eignen Herzens Stimme hören
Und folgen seiner Eingebung.
Hier flieht die Gottheit,
Die der Wahn ihm leiht
Der eitle Schimmer zerstiebet.
Und ihn, auf den die Völker sehen,

Den Siegespalmen nur umwehen,
Umkreist der Sorgen dunkle Nacht.
Des Sehers Traum
Durchflieget den Raum
Und all die künftigen Zeiten,
Bald kostet er, in trunknem Wahne,
Die Seligkeit gelungner Plane,
Dann sieht er seinen Untergang.
Entsetzen und Wut
Mit wechselnder Flut
Kämpfen im innersten Leben,
Von Zweifeln, ruft er, nur umgeben
Verhauchet der Entschluß sein Leben!
Eh Reu ihn und Mißlingen straft
Der Gottheit Macht,
Zerreiße die Nacht
Des Schicksals vor meinen Blicken!
Sie lasse mich die Zukunft sehen,
Ob meine Fahnen siegreich wehen?
Ob mein Gesetz die Welt regiert?
Er sprichts; da bebt
Die Erde, es hebt
Die See sich auf zu den Wolken,
Flammen entlodern den Felsenklüften,
Die Luft, erfüllt von Schwefeldüften,
Läßt träg die müden Schwingen ruhn.
Im wilden Tanz
Umschlingt der Kranz
Der irren Sterne die Himmel;
Das Meer erbraust in seinen Gründen,
Und in der Erde tiefsten Schlünden
Streiten die Elemente sich.
Und der Eintracht Band,
Das mächtig umwand
Die Kräfte, es schien gelöset.
Die Luft entsinkt der Wolken Schleier,
Und aus dem Abgrund steigt das Feuer

Und zehret alles Irdsche auf.
Mit trüberer Flut
Steigt erst die Glut,
Doch brennt sie stets sich reiner,
Bis hell ein Lichtmeer ihr entsteiget,
Das lodernd zu den Sternen reichet
Und rein und hell und strahlend wallt.
Der Seher erwacht
Wie aus Grabesnacht,
Und staunend fühlt er sich leben,
Erwachet aus dem Tod der Schrecken,
Harrt zagend er, ob nun erwecken
Ein Gott der Wesen Kette wird.
Von Sternen herab
Zum Seher hinab
Ertönt nun eine Stimme:
»Verkörpert hast du hier gesehen,
Was allen Dingen wird geschehen.
Die Weltgeschichte sahst du hier.
Es treibet die Kraft,
Sie wirket und schafft
In unaufhaltsamem Regen;
Was unrein ist das wird verzehrt,
Das Reine nur, der Lichtstoff, währet
Und fließt dem ew'gen Urlicht zu.«
Jetzt sinket die Nacht,
Und glänzend ertagt
Der Morgen in seiner Seele.
Nichts! ruft er, soll mich mehr bezwingen:
Daß Licht nur werde! sei mein Ringen,
Dann wird mein Tun unsterblich sein.

An die Günderode

Günderödchen, der Clemens läßt Dich tausendmal grüßen. Ich muß es zuerst schreiben, denn er steht hinter mir und zwingt mich dazu; er spricht von einem Dompfaffen oder Blutfinken, der in Dich verliebt sei, und er sei so anmutig dumm, daß er Dir prophezeit, Du werdest ihm nicht widerstehen, denn die Dummheit sei Deine Schwäche; Du fallest drüber her wie ein Raubvogel über ein neugeboren Gänschen, und er hab Dich mehrmals sehen lauern und schweben mit gierigem Blick über Dummheitsphänomenen, und die würdest Du Dir auch nie haben abjagen lassen, und Du seist gewiß im Rheingau auf der Jagd danach, während hier die merkwürdigsten Exemplare Dir in die Hände laufen würden und auch mehrere für ein Geringes an Geld zu sehen sind.

Alleweil hat er den Hut genommen, um zu dem Puppenspiel Plätze zu bestellen; er will die Pauline hineinfahren, um ihr augenscheinlich zu machen, wie es in ihrem Magen aussieht. Denn sie habe ein Puppenspiel im Leib, und wenn sie mit ihm spricht, so antwortet er dem Pantalon, dem Scaramutsch, dem Hanswurst, der Colombine etc. – und sooft sie was sagt, so oft antwortet er einer andern Person vom Puppenspiel und so passend, daß das Puppentheater, nämlich der Pauline Magen, am meisten vom Lachen erschüttert wird. Er ist unerschöpflich an Witz, und alles läuft ihm nach. Daß Du nicht hier bist, hat ihn merklich betroffen; er wollt, ich könnt Dich bewegen zu kommen, aber Du wirst die Gärten des Dionysos nicht verlassen, wo Du jeden Morgen reife Beeren kostest, die der Gott Dir zum Fenster hinanreicht, um hier auf der schmutzigen Meß die Bären tanzen zu sehen. Hätt der Clemens nicht hier auf mich gewartet, so hätt ich mögen mit Dir im Rheingau bleiben, der Franz hätt's wohl erlaubt, ich hab mehrmals dran gedacht; wie schön wär's gewesen, da wären wir herumgeschweift – überall – wo andre Menschen nicht hinkommen; – oft ist ein klein verborgen Plätzchen, das niemand kennt, das schönste von der Welt. – Ich sag Dir, wir hätten Quellchen entdeckt tief im Gras und Gestein und einsame Hüttchen im Wald und vielleicht auch Höhlen – ich durchforsche gar zu gern die Natur Schritt vor Schritt. Ich dächt, wir sähen uns auch einstweilen um, nach einem Ort, wo wir unsere Hütten bauen wollen – Du auf dem Berg weit ins Freie hinaus, und ich im Tal, wo die Kräuter hoch wachsen und alles versteckt ist, oder im

Wald, aber nah beisammen, daß wir uns zurufen können. Du rufst durchs Sprachrohr: »Bettine, komm herauf!« und da komm ich, und der Kanarienvogel fliegt voran, der weiß schon, wo's hingeht, und der Spitz kommt nachgebellt, denn im Tal muß man einen Hund haben. Hör! – und im Frühjahr nähmen wir unsre Stecken und wanderten, denn wir wären als Einsiedler und sagten nicht, daß wir Mädchen wären. Du mußt Dir einen falschen Bart machen, weil Du groß bist, denn sonst glaubt's niemand, aber nur einen kleinen, der Dir gut steht, und weil ich klein bin, so bin ich als Dein kleiner Bruder, da muß ich mir aber meine Haare abschneiden. – So eine Reise machen wir im Frühjahr in der Maiblumenzeit, aber da versäumen wir die Erdbeeren! Denn im Tal wär als alles übersäet, erst mit Veilchen und dann mit Erdbeeren, davon leben wir sechs Wochen; Kohl pflanzen wir nicht. – Im Herbst sind wir wieder da und essen die Trauben; ach, könnt's nur einen Sommer wahr werden! – mir kömmt's vor, als könnt man so immer und immer sein wollen. Denn wahrhaftig, mir strömt alle Weisheit aus Deinem Angesicht, ich hab mehr als zuviel, was in mich hineinspricht, wenn ich Dich seh, und wenn Du auch nur stillschweigst, so redst Du doch, Du bist ein groß Geheimnis, aber ein offenbares, aber ich schlafe in Deiner Gegenwart, Dein Geist schläfert mich ein, so träum ich, daß ich wache, und empfinde nur alles im Traum, und das ist gut, denn sonst würd ich verwirrt sein.

Wie der Clemens nach Haus gekommen war, hat er gleich nach meinem Brief gefragt, er wollt auch dran schreiben, ich hab ihn aber zerstreut durch allerlei, was ich von Dir erzählte, denn ich wollt ihn nicht gern lesen lassen, daß ich als Einsiedler mit Dir leben wollt, denn er hätt's gewiß im Puppenspiel angebracht; so erzählt ich ihm von unsrer Rheinfahrt in der Mondnacht mit der Orangerie auf dem Verdeck, das machte ihm so viel Freude, er frug nach allem, was noch vorgefallen, nach jedem Wort, nach den Ufern, nach dem Mond; und ich erzählte ihm alles, denn ich wußte alles, jed Lüftchen, was sich erhoben hatte, und wie der Mond durch die Luken und Bogen hinter den Bergfesten geschimmert hat, und alles, und er frug auch, was wir gesprochen, ich sagte: nichts oder nur wenig Worte, denn es sei die ganze Natur so schweigend gewesen. – Und wie er alles ausgeforscht hatte, da ging er fort und sperrte mich ein und sagte, ich sollt ein Gedicht davon machen, grad so, wie ich's erzählt habe, und sollt es nur aufschreiben immer in kurzen Sätzen, wenn es sich auch nicht reime, er wolle mich schon reimen lehren, und so ging er hinaus und schloß die Tür ab, und vor der Tür rief er: nicht eher kommst Du heraus, bis Du ein Gedicht fertig hast. – Da stand ich – ganz widersinnig im Kopf. – Ans Aufschreiben dacht ich nicht. – Aber ich dacht an das Versmachen, wie seltsam das ist. – Wie in dem Gefühl selbst ein Schwung ist, der durch den Vers gebrochen wird. – Ja, wie der Reim oft gleich einer beschimpfenden Fessel ist für das leise Wehen im Geist. Belehr mich eines Besseren, wenn ich irre, aber ist es nicht wahrscheinlich, daß Reim und Versmaß auf den ursprünglichen Gedanken so einwirke, daß er ihn verfälscht? – Überhaupt, was seelenberührend ist, das ist Musik, das hab ich schon lang in mir erfahren, denn es kann nichts die Sinne rühren und durch diese die Seele, als nur Musik; was Dich bewegt, gibt Klang, der weckt seine Mittöne, die rühren das Echo doppelt und allseitig, und die ganze Harmonie erwacht, – und zwischen dieser durch wandelt der Gedanke und wählt sich seine Melodie und offenbart sich durch die dem Geist. – Das deucht mich die Art, wie der Gedanke sich dem Geist vermählt. Nun kann ich mir wohl denken, daß der Rhythmus eine organische Verbindung hat mit dem Gedanken und daß der kurze Begriff des Menschengeistes, durch den Rhythmus geleitet, den Gedanken in seiner verklärten Gestalt fassen lernt und daß der den tieferen Sinn darin beleuchtet und daß wie die Begeistigung dem Rhythmus sich füge, sie allmählich sich reiner fasse, und daß so die Philosophie als höchste geistige Poesie erscheine, als Offenbarung, als fortwährende Entwicklung des Geistes und somit als Religion. Denn was soll mir Religion, wenn sie stocken bleibt? – aber nicht, wie Du sagst, daß Philosophie endlich Poesie werden soll, nein mir scheint, sie soll sein oder ist die Blüte, die reinste, die ungezwungenste, in jedem Gedanken überraschendste Poesie, die ewig neu Gottessprache ist in der Seele. – Gott ist Poesie, gar nichts anders, und die Menschen tragen es über in eine tote Sprache, die kein Ungelehrter versteht und von der der Gelehrte nichts hat als seinen eigen Dünkel. – So wie denn das Machwerk der Menschen überall den Lebensgeist behindert, in allem, in jeder Kunst, daß die Begeistrung, durch die sie das Göttliche wahrnehmen, von ihnen geschieden ist – und ich muß mich kurz fassen, sonst wollt ich mich noch besser besinnen.

Die Berührung zwischen Gott und der Seele ist Musik, Gedanke ist Blüte der Geistesallheit, wie Melodie Blüte ist der Harmonie.

Alles, was sich dem Menschengeist offenbart, ist Melodie in der Geistesallheit getragen, das ist Gottespoesie. Es enthüllt sich das Gefühl in ihr, sie genießend, empfindend, keimt auf in der Geistessonne, ich nenne es Liebe. Es gestaltet sich der Geist in ihr, wird Blüte der Poesie Gottes, ich nenn es Philosophie. Ich mein, wir können die Philosophie nicht fassen, erst die Blüte wird in uns. Und Gott allein ist die Geistesallheit, die Harmonie der Weisheit. – Ach, ich hab das alles nicht sagen wollen, der Kopf brennt mir, und das Herz klopft mir zu stark, wenn ich will denken, als daß ich deutlich sein könnt. Ich wollt vom Reimen sprechen.

Mir kommen Reime kleinlich vor, so wie ich sie bilden soll, ich denke immer: >ach, der Gedanke will wohl gar nicht gereimt sein, oder er will wo anders hinaus, und ich stör ihn nur – was soll ich seine Äste verbiegen, die frei in die Luft hinausschwanken und allerlei feinfühlig Leben einsaugen, was liegt mir doch daran, daß es symmetrisch verputzt sei. Ich schweife gern zwischen wildem Gerank, wo hie und da ein Vogel herausflattert und mich anmutig erschreckt oder ein Zweig mir an die Stirne schnellt und mich gedankenwach macht, wo mich die alte Leier eingeschläfert hätt.< – Und ist nicht vielleicht die Gedankenseele selbst Rhythmus, der die Sinne lenkt; und sollen wir dem nicht nachstreben? Nun kurz, aus meinem Gedicht ist nichts geworden, wie hätt ich unsre orangenblühende Nacht, unsre selige Alleinigkeit verpfuschen sollen, sie, die in jeder verlebten Minute jenes Gefühl aussprach, was ich da oben Gottespoesie, Weisheitsgefühl nenne. – Nein, ich wollt nicht ein so süß Dämmern zu einzelnen Gedankenschatten zusammenballen. Laß es fortdämmern oder sich verflüchtigen, aber nicht in engherzige Verse einklammern, was so weiche Zweige in die Luft ausstreckt, laß es fortblühen, bis es welkt; Du siehst, ich mache mir diese poetischen Unbemerkungen (Ungeheuer) bloß in Beziehung auf mich, ich lieb die Poesie, sie erfüllt mich in Dir und in andern mit Begeistrung, aber nicht in mir.

Als der Clemens mich aus der Prison entließ, hatt ich das Märchen gereimt von der alten Frau Hoch, vom Hofnarren, der seinem König lehrt Fische fangen und ihn selber im Hamen fängt und ins Wasser taucht und sagt: so fangen die Narren Fische, aber der König im Hamen wird keinen fangen. Im Puppenspiel war Clemens von beseligtem Humor, die Witze echappierten ihm, wie wenn ein Feuerwerk ihm in der Tasche sich entzündet hätt, jeden Augenblick flog eine Rakete auf, bis endlich das Puppenspiel ihn übermannte, wo er vor Lachen nicht mehr witzig sein konnt.

Gestern wanderten wir durch die Judengasse, es liefen so viel sonderbare Gestalten herum und verschwanden wieder, daß man an Geister glauben muß, es ward schon dämmerig, und ich bat, daß wir nach Haus gehen wollten, der Clemens rief immer: seh den, seh da, seh dort, wie der aussieht, und es war, als liefen sie mir alle nach, ich war sehr froh, als wir zu Haus waren.

Leb wohl, es ist mir nicht geheuer hier, daß Du nicht da bist, wo ich mich erholen kann, wo ich zu mir selbst komme; es ist mir so fremd.

Bettine

An die Bettine

Liebe Bettine, so wie Dein Brief anfängt mit den tausend Grüßen von Clemens, so beantworte sie ihm doch auch in meinem Namen, es tut mir auch recht leid, daß ich nicht mit Euch bin, allein die Luft und die Trauben tun meinen Augen so gut und ist mir wohltätig im ganzen. – Obschon mich Euer Treiben höchlich ergötzen würde und namentlich das Puppenspiel; – ich übergehe alles – was Du vom Rhythmus sagst, leg ich Dir so aus: Du ahnest ein höheres rhythmisches Gesetz, einen Rhythmus, der Geist ist im Geist, der den Geist aufregt und zu neuen Offenbarungen leitet. Du glaubst, daß der Reim die geringste, ja oft erniedrigende Stufe dieses metrischen Sprachgeistes ist und oft die Ahnung oder die Gewalt des Gedankens brechen könnte, daß der sich nicht zu jener Höhe entwickelt, zu der er ursprünglich berufen war – das will ich nicht widersprechen, denn Du kannst recht haben; nämlich, Du kannst recht haben, daß es ein höheres musikalisches Gesetz gebe, daß die Analyse zu diesem in jedem freien Gedanken liege und durch den Versbau mehr oder weniger unterdrückt werde.

Du wirst aber auch zugeben, daß im Dichter auch eine Begeistrung waltet, die von höherer Macht zeugt, da diese kindlichen Gesetze, zu denen er sich bequemt, ihn gerade zur Kunst anleiten, die an sich schon ein höherer Instinkt ist. Du sagst zwar in bezug auf Kunst, das Machwerk der Menschen behindre überall den Lebensgeist, das glaube doch ja nicht, daß jene, die vielleicht kein hohes Genie im Gedicht entwickeln, nicht hierdurch zu Höherem gebracht würden, denn erst werden sie doch auf eine Kunst vorbereitet, sie haben eine Anschauung von Gedanken oder Gefühlen, die durch Kunstform eine höhere sittliche Würde erlangen oder behaupten, und dies ist der Beginn, daß der ganze Mensch sich da hinübertrage; es ist nicht zu verachten, daß im Unmündigen sich der Trieb zum Licht regt. – Und darum mein ich, daß kein Gedicht ohne einen Wert sei.

Gewiß jedes Gefühl, so einfach oder auch einfältig es geachtet werden könnte, so ist der Trieb, es sittlich zu verklären, nicht zu verwerfen, und manchen Gedichten, die keinen Ruf haben, habe ich doch zuweilen die Empfindung einer unzweifelhaften höheren Wahrheit oder Streben dahin angemerkt – und es ist auch gewiß so. Die Künstler oder Dichter lernen und suchen wohl mühsam ihren Weg, aber wie man sie begreifen und nachempfinden soll, das lernt keiner – nehme es doch nur so, daß alles Streben, ob es stocke, ob es fließe, den Vorrang habe vor dem Nichtstreben. – Gute Nacht, für heut kann ich nicht mehr sagen; nicht alles ist mir gleich deutlich in Deinem Brief, Du sagst mir wohl über manches noch mehr oder dasselbe noch einmal. – Der Ton in der Sprache tut auch viel zum Verstehen; wären wir beisammen, würde sich leichter und vielseitiger ergeben, was wir wollen und meinen, und auf den Sprachgeist vertraue ich auch schon, daß der uns nicht verlassen würde. – Himmlische Nächte sind hier – winddurchbrauste, und Gewitter, die Sommer und Herbst auseinanderdonnern. –

An die Günderode

Du führst eine heilige Sprache, Du bist heilig, wenn Du sprichst; in Dir fühl ich den Rhythmus, der Deinen Geist trägt zu höherer Erkenntnis; – und ich fühl, daß die Güte, die Milde die Erzeugerin ist all der reinen Wahrheit in Dir, wie Du ihr Abdruck bist; wollt ich doch nicht alles auf einmal sagen, so wär ich deutlicher, Du bist mäßig, drum ist alles so überzeugend, was Du sagst; wüßt ich doch noch, was ich Dir geschrieben hab, nur um Dich wieder zu hören, mag ich denken, nur daß Du aus dem Anklang meines Geistes Melodien bildest. Jeder Ton besteht für sich, aber er bildet durch den Anklang mit andern Tönen Melodien, Gedanken. Aus allen Melodien, aus allen Gedanken besteht die Geistesallheit, die Gottespoesie, die Philosophie. – Es ist Gottespoesie, Harmonie, die den Gedanken, die Melodie erzeugt, sie hebt sich aus dieser, wie aus den Frühlingselementen die Blüte steigt, der blühende Geist steht mitten im Frühlingsgarten der Poesie. –
Musik ist sinnliche Natur der Geistesallheit. Wir möchten wissen, was Musik ist, die so fühlbar und doch so unbegreiflich – das Ohr rührt und dann das Herz und dann den Geist weckt, daß der tiefer denke. Sie ist

die sinnliche Geistesnatur; aller Geist ist sinnenbewegter Leib des Geistigen, ist also auch Musik, drum sind Gedanken in der Musik unwillkürliche, sie erzeugen sich in dieser Sinnenregung der Seele. – Ach, Worte fehlen – und zu allseitig dringt es auf mich ein – und es bangt mir um den Ausdruck von dem, was mir in der Seele blitzt – und hab Angst, der könne meinen Begriff umtauschen – und – >o gib vom weichen Pfühle träumend ein halb Gehör!<, so leiert's im langweiligen Hintergrund meiner schlummernden Denkkraft, und dann wühle ich mich ein bißchen aus meiner Faulheit heraus und lausch träumend dem Traum, und dann singt's wieder bei der Gedanken Spiele – ach schlaf, was willst du mehr. Wenn eine schlummernde Ahnung wach wird in der Musik, da breiten sich alle Gefühle mächtig aus, und jeder Ton spricht verstärkte Empfindung aus, und ein inneres Streben zum Höheren, zum Bemächtigen gewaltigerer Fähigkeiten begleitet den rhythmischen Gang, ja wird von ihm geleitet, ich hab's erfahren: Bei meinem Saitenspiele segnet der Sterne Heer die ewigen Gefühle. –

Und so wahr ist's, daß aller Geist sinnliche Musik ist, daß wie in der Harmonie jedes Bewegen eines Tons neue Wege öffnet, oder wenn ich in andern Beziehungen nur augenblicklich vorempfinde, so dringt die Harmonie wie durch neu geöffnete Bahn mächtig ein, so ist im Geist jedes Vorempfinden eines inneren Zusammenhangs mit Fernerliegendem ein ewiger Harmonienwechsel, und die Melodie der Gedanken weicht aus den engeren Schranken zu höherer Anschauung. Die ewigen Gefühle heben mich hoch und hehr aus irdischem Gewühle. –

Und so ist alles, was unabweisbare Wahrheit ist, in ewig wechselnder Lebensbewegung – und ich fürcht mich vor dem Denken so allein. – Wenn wir beisammen wären! da teilen wir eins, und durch Dein Begreifen gibst Du meinem Geist die Fassung, der muß nach dem sich richten, und dann hab ich auch Ruhe und Versichrung im Geist, daß ich mich ausdrücken lerne: Vom irdischen Gewühle trennst, du mich nur zu sehr, bannst mich in diese Kühle.

Und könnten wir doch immer zusammen sprechen, der lieblichen Unordnung entsteigt alles. – Ja, da fühl ich, wie das ist, daß der Geist aus dem Chaos aufstieg, nehmt's nicht zu genau. Gib nur im Traum Gehör, ach, auf dem weichen Pfühle schlafe! was willst du mehr.

An die Bettine

Denn: wie auch das Allebendige sich berühre, es entsteigt Wahrheit aus ihm; aus dem chaotischen Wogen und Schwanken entstieg die Welt als Melodie? –

Karoline

An die Günderode

Ja! und alle Sterne sind Melodien, die im Strom der Harmonie schwimmen, Weltseelen, die den Geist Gottes hervorblühen, Töne, die mit verwandten Tönen anklängen, und wenn wir zu den Sternen aufsehen, so klingen unsere Gedanken an mit ihnen; denn wir gehören in die Sippschaft ihnen verwandter Akkorde; – und wie jeder Gedanke, jede Seele Melodie ist, so soll der Menschengeist durch sein Allumfassen Harmonie werden – Poesie Gottes – nehm's nicht zu genau und gib es deutlicher wieder, als ich's sagen kann.

An die Bettine

So wär der Menschengeist durch sein Fassen, Begreifen befähigt, Geistesallheit, Philosophie zu werden; also die Gottheit selbst? – denn, wär Gott unendlich, wenn er nicht in jeder Lebensknospe ganz und die Allheit wär? – so wär jeder Geistesmoment die Allheit Gottes in sich tragend, aussprechend? –

Karoline

An die Günderode

Ja! das beweist die Musik, jeder Ton spricht seinen Akkord aus, jeder Akkord spricht seine Verwandtschaften aus, und durch alle Verwandtschaft strömt der ewig wechselnde Gang der Harmonien zu, der ewig erzeugende Geist Gottes. Denken ist Gottaussprechen, ist sich gestalten in der Harmonie – ich wage nicht, einen Seitenblick zu tun, aber ich fühl's, daß im Begreifen der Geist Gottes sich erzeugt im Menschengeist, und zu was wär dieser Keim der Gotteserscheinung im Menschengeist, wenn er nicht durch ewiges Streben ihn ganz entwickeln sollte? – der einzige Zweck alles Lebens, Gott fassen lernen! und das ist auch unser innerer Richter. Was Gott nicht entwickelt, das bliebe lieber ungeschehen, denn es ist nicht Melodie; – was aber unmelodisch ist, das ist Sünde, denn es stört die Harmonie Gottes in uns; es klingt falsch an, aber alle große Handlung weckt die Harmonie, alle Sterne klingen mit ein, drum ist groß Denken, groß Handeln auch so selbstbefriedigend; es löst die gebundnen Akkorde in uns auf in höhere Harmonien, und steigern sich die musikalischen Tendenzen durch allseitiges Erklingen aller mittönenden Akkorde. – Aber ich kann nicht mehr weiter drüber denken; ich träume nur und schlafe tiefer über dem Saitenspiel meiner Gedanken ein, und mir entschlüpft alles ungesagt. – Du lebst und schwebst in freier Luft, und die ganze Natur trägt Deinen Geist auf Händen; ich dräng mich durch zwischen Witz und Aberwitz, und hier und dort nimmt mich die Albernheit in Beschlag; und wenn ich abends zum Schreiben komm und muß das Unmögliche denken, was unmöglich ist auszusprechen, dann bin ich gleich traumtrunken, und dann schwindelt mir, wenn ich die Augen öffne; die Wände drehen sich, und der Menschen Treiben dreht sich mit. – Und ob's doch nicht noch in der Sprache verborgne Gewalten gibt, die wir noch nicht haben? – noch nicht zu regieren verstehen; das schreib mir, ob Du es auch glaubst und ob wir da hindringen könnten, das Ungesagte auszusprechen, denn gewiß so, wie die Sprache sich ergibt, so muß der Geist hereinströmen, denn der ganze Geist ist wohl nur ein Übersetzen des Geist Gottes in uns. Gute Nacht.

Bettine

### An die Bettine

Du meinst, wenn Du taumelst und ein bißchen trunken bist, das wär unaussprechlicher Geist? – und Du besäufst Dich aber auch gar zu leicht – weil Du den Wein nicht verträgst; Du meinst, es müßten neue Sprachquellen sich öffnen, um Deine Begriffe zu erhellen. Werd ein bißchen stärker oder trinke nicht so viel auf einmal, wolltest Du Dich fester ins Auge fassen, die Sprache würde Dich nicht steckenlassen.

Von der Sprache glaub ich, daß wohl ein Menschenleben dazu gehört, um sie ganz fassen zu lernen, und daß ihre noch unentdeckten Quellen, nach denen Du forschest, wohl nur aus ihrer Vereinfachung entspringen. Den Rat möchte ich Dir geben, daß Du bei Deinem Aussprechen von

Gedanken das Beweisen aufgibst, dies wird Dir's sehr erleichtern. Der einfache Gedankengang ergießt sich wohl von selbst in den Beweis, oder was das nämliche ist: die Wahrheit selbst ist Beweis. Beweislos denken ist frei denken; du führst die Beweise zu Deiner eignen Aushilfe. Ein solches freies Denken vereinfacht die Sprache, wodurch ihr Geist mächtiger wird. Man muß sich nicht scheuen, das, was sich aussprechen will, auch in der unscheinbarsten Form zu geben, um so tiefer und unwidersprechlicher ist's. Man muß nicht beteuern, weil das Mißtrauen gegen die eigne Eingebung wär – nicht begründen, weil es eingreift in die freie Geisteswendung, die nach Sokrates vielleicht Gegenwendung wird, und nicht bezeugen oder beweisen wollen in der Sprache, weil der Beweis so lang hinderlich ist, dem Geist im Wege ist, bis wir über ihn hinaus sind, und weil diese drei Dinge unedel sind sowohl im Leben wie im Handeln wie im Geist. Es sind die Spuren des Philistertums im Geist.

Freier Geist verhält sich leidend zur Sprache, und so verhält sich auch die Sprache leidend zu dem Geist, beide sind einander hingegeben ohne Rückhalt, so wird auch keins das andre aufheben, sondern sie werden sich einander aussprechen ganz und tief. – Je vertrauungsvoller, um so inniger. – Wie es in der Liebe auch ist. – Was sollte also die Sprache am Geist zu kurz kommen? – Liebe gleicht alles aus. – Trete nicht zwischen ihre Liebkosungen, sie werden einander so beseligen, daß nur ewige Begeisterung aus beiden strömt. – Und hiermit wär Deine Ahnung von der Gewalt des Rhythmus wohl auch berührt, beweisen wollen wir ja nicht. –

Alles, was wir aussprechen, muß wahr sein, weil wir es empfinden. Mehr müssen wir für andre auch nicht tun, denn das sondert jene nur von dem kindlichen ursprünglichen Begriff. – Wir müssen des andern Geist nicht als Gast in unsre Begriffe einführen, so wie ein Gast auch weniger das Heimatliche begreift; er muß selbst durch das Mangelnde im Ausdruck auf die Spur des Begriffs geleitet werden, da nur im unverfälschten Vertrauen oder im vollkommnen Hingehenlassen, selbst in scheinbar Nachlässigem (was doch nur vertrauungsvolle heilige Scheu der Liebe ist) sich der Geist oft erst orientiert; zum wenigsten wird's ihm viel leichter. – Mag nicht oft tiefere Wahrheitsspur verschwunden sein, wo nach ihrer Bekräftigung suchend ihr ursprünglicher Keim verletzt wurde.

Haben nicht die geistschmiedenden Zyklopen mit dem einen erhabenen Aug auf der Stirne die Welt angeschielt, statt daß sie mit beiden

Augen sie gesund würden angeschaut haben? – Das frag ich in Deinem Sinne die Philosophen, um somit hier alle weitere Untersuchung aufzuheben, und erinnere mich zu rechter Zeit an Deine leichte Reizbarkeit.

Leb wohl! an meinem Fenster gibt's heute zu viel Einladendes, als daß ich widerstehen könnt der Muse, die mich dahin ruft. – Leb wohl! ich habe Dich recht lieb.

Karoline

Mit Dir kann ich so sprechen, Du verstehst es, kein andrer wahrscheinlich. – Oder wer müßte das sein? –


An die Günderode

Ich war heut draußen bei der Großmama, sie war allein, den ganzen Nachmittag, und wir sprachen erst von Dir; die Großmama war einen Augenblick beschäftigt, so lief ich in den Garten, um ihn nach langer Zeit wiederzusehen, aber wie war ich da erschrocken, wie ich auf die Hoftreppe kam, ich erkannte den Garten nicht wieder; denke! – die hohe, schwankende Pappelwand, die himmelansteigenden Treppen, die ich alle wie oft hinangestiegen bin, um der Sonne nachzusehen, um die Gewitter zu begrüßen; durchgeschnitten! – zwei Drittel davon in grader Linie abgesägt! – ich wußte nicht, wie mir geschah, und alles will ich gern begreifen und lernen, was soll mir das schaden, aber diese Pappeln, diese Zeugen meiner frühesten Spielstunden, die mich als Kind von drei Jahren mit ihren Blüten beregneten, in die ich hinaufstaunte, als ob ihre Höhe in den Himmel reiche. Ach, was soll ich da dazu sagen, daß die als Stumpfe mit wenig Ästen noch versehen nebeneinanderstehen, gemeinsamen Schimpf und Leid tragend. – Ach, ihr Baumseelen, wer konnte euch das tun? – nun ziehen alle frühen Kindheitsmorgen an mir vorüber, wo ich ihre Wipfel von weitem im Gold glänzen sah, und daß sie mir winkten, ich soll mich eilen und kommen, und wie hab ich oft ihre jungen Blättchen betrachtet und keins abgebrochen je! – ach, es schneidet mir ins Herz – es war, als könnten sie nicht mehr sprechen, als sei ihnen die Zunge genommen, denn sie können ja nicht mehr rauschen. So war ihr Stummsein eine bittere, bittere Klage zu mir, die ich ewig mit mir herumtragen werde und keinem sagen als nur Dir. Du weißt, wie Du oft sagtest, wenn wir da gingen, daß ihr Rauschen mitspreche, und wie sie uns absonderten von der ganzen Welt, und wie sie einen Dom über uns bauten, und gegenüber die hohe Rosenhecke, die über die Wand vom Boskett hereinschwankte, die steht jetzt auch ohne Schutz und die Nachtigallen, die das heilige Dunkel gewohnt waren; wie wird's da sein, wenn die im Frühjahr wiederkommen. – Ach, ich bin betrübt darüber. – Die Kindertage, wo ich dort mit dem reinlichen Kies spielte und mit rosenfarbnen Steinchen und schwarzen und gelben, bunte Reihen um ihre Stämme legte. – Und konnte so versteckt hinüberklettern ins Boskett, wie kann einem doch das Paradies, wo die Seele all ihren Zauber einpflanzt, so jämmerlich zerstört werden? – aber bedaure Du mich nur nicht, denn hör nur: – als ich zurückkam zur Großmutter – da sah ich blaß und zerstört aus, und sie sah wohl die Spuren von meinen Tränen. – Sie sah mich an ein Weilchen – und sagte: »Du warst im Garten?« – da reichte sie mir die Hand. – Was sollt ich sagen? – ich schwieg, und sie auch. – Sie sagte: »Ich werd wohl nicht mehr lang leben!« – ich wagte nichts zu sagen – aber bald darauf machte sie das Nebenzimmer auf, von wo man nach dem Garten sieht, und sagte: »Das Rauschen im Abendwind war meine Freude, ich werd's nicht mehr wieder hören; ich hätt mir's lassen gefallen, wenn ich unter ihrem Rauschen am letzten Abend wär eingeschlafen! sie hätten mir diesen feierlichen Dienst geleistet, die lieben Freunde, die ich jeden Tag besuchte, die ich mit großer Freude hoch über mir sah; – du hast sie auch geliebt, es war dein liebster Aufenthalt – ich hab dich oft vom Fenster sehen in ihrem Wipfel abends steigen und glaubtest, es säh es niemand – nimm meinen Segen, liebes Kind, ich hab an dich gedacht, wie man sie trotz der schmerzlichen Verletzung meiner Gefühle verstümmelte.« – Ich wagte nicht zu fragen, wer die Schuld trüge, denn das wär zu kränkend für die Großmama gewesen, und ich wußte auch gleich, daß nur aus grausenhaftem Philistersinn solche Untat geschehen konnt, denn der ahnt nicht die tiefsten Wunden, der hält alles für Empfindelei, was mit den geheimsten geistigen Bedürfnissen zusammenhängt; – wie könnte der eine wahrhaftige Liebe denken zu einem leblosen Ding, denn so nennt der Philister die Pflanzen, die Bäume, die ganze Natur – wie könnte der ahnen, daß ein höchst geistiger Umgang mit ihren schönen untadeligen Erzeugnissen stattfinden könne? – Ein Wechseltausch von Empfindungen, der eine reine Leidenschaft zu ihr nährt und beglückt; – wie könnte dem je begreiflich werden, daß ein innerliches Dasein sich

in sie überträgt und daß, während die ganze Welt vergeblich unter Mit-
geschöpfen herumschwärmt, von Liebe, von Freundschaft faselt, der
beglückte Besitzer eines Baumes, der vor seiner Tür steht, in ihm den
Freund gefunden hat. –

Die alte hundertjährige Bas kam mir vor der Tür auch damit entgegen:
»Ist's nicht barbarisch? – und daß die Großmama stillschweigt dazu –
wärst du nur hier gewesen, es wär nicht geschehen.« –

Ich bin noch einmal in den Garten gegangen, wie es dunkel war; denn
am Tag hingehen schien mir beleidigend für die edlen Bäume; – ich hab
Abschied genommen vom Garten, ich mag nicht wieder hineingehen. –
Ich habe auch den Gärtner besucht im Boskett, der sagte mir, es habe
ihn sehr betrübt, daß diese Bäume abgehauen wären, er habe so manches
sich immer gedacht dabei, jetzt könne er nichts mehr von ihnen sehen
und hätt auch die Lust verloren, die Rosenhecke zu pflegen. – »Nun!« –
sagte ich, »aber in Gedanken können wir immer alles sehen, was wir lieb
haben?« – das gab er zu – so gebt doch auch die Rosenhecke nicht auf, je
höher sie wächst, je mehr könnt Ihr Euch dabei denken, daß im Gedächtnis alles Schöne fortblüht. – Das bewilligte er mir, und er meinte, ich
solle gewiß nicht klagen, daß er sie versäumt hätte, wenn ich wieder-
käm. – Im Gärtner liegt wahres Genie zu einem solchen Umgang mit seiner Umgebung in der Natur. – Noch kurz eh ich mit dir bekannt war, hab
ich manchmal oben in den Baumwipfeln meine Stimmungen über die
Naturerscheinungen aufgezeichnet; so kindisch und unvermögend mich
auszusprechen, ich hab sie in einer Mappe aufgehoben, da schreib ich Dir
eines auf zur Gedächtnisfeier.

Vor zwei Jahren geschrieben am Ostermontag.

O himmlisch Grün, das unter Eis und Schnee in brauner Hülle sich barg
und jetzt dein glühend Haupt im Antlitz der Sonne krönt. Geliebter
Baum! könnt ich umwandeln doch, in dein sanft rauschend Laub, jene
flüsternde Sprossen, die mit glänzendem Finger die Muse bricht himm-
lischer Glorie voll, die Stirn zu umflechten dem Liebling, der mit Helm
und Speer oder bogengerüstet, wo viel goldne Pfeile dahinfliegen, oder
Rosse jagend oder mit leichtem Fuß zwölfmal umrennend das Ziel, oder
aufleuchtend mit der Flamme des Lieds, um sie wirbt.

O Baum! dich umdrängt heut der Bienen Schar, sie ziehen dem Duft
nach, der honigregnenden Blüte, sie sammeln ihren befruchtenden Staub

und vermummen die Tagesglut in deiner Krone kühlem Rauschen. Aber dann würd in deinem Schatten ruhn, der König ist am Mahle des Geists, und nähren würde deine Wurzel die Flut, die den eignen Gott im Busen ihm begeistert zu alleroberndem Triumph.

Begegne dir nichts, was dich beleidigt, o Baum! den keiner der Unsterblichen umwandelt. Ich zwar träume den Frühling in deinem Schatten, und mir deucht von Unnennbarem widerhallen zu hören rings die Wälder und die Hügel.


An die Günderode

Ich lese Deinen Brief und schäme mich vor Dir, wie Du so edel und einfach mein verwirrtes Denken zurechtrichtest, und ich kann nicht ans Antworten denken, weil ich so voll Unruh bin. Die Bäume kränken mich; ich kann's nicht begreifen, wie die Großmama sich nicht besser gewehrt hat, das ist ihre zu tiefe Empfindlichkeit, unterdessen hat man ihren Lieblingen den Hals abgeschnitten, man muß sich wehren für die Seinigen und dem Schlechten in den Arm greifen, der es antastet. Alles Erhabne und Schöne ist Eigentum der Seele, die es erkennt, und durch die Erkenntnis ist sie schutzverpflichtet. Alles ist der Teufel, es sei denn reine, freie Gewissenswahrheit, und ich weiß keine höhere Anweisung an den Geist als: frag dich selber! und wenn da einer nicht das Rechte findet, so ist er ein Esel, und alles, was sich Schreckendes dem inneren Willen entgegenwirft, das muß bekämpft und verachtet werden, er ist der Ritter, der das Wasser des Lebens zwischen feuerspeienden Drachen und eisernen Riesen schöpft, vor seiner Verachtung und seinem Mut werden sie ohnmächtig. In Feenmärchen ist die heiligste Politik und auch die mächtigste; ich wollt der größte Staatsmann werden und die ganze Welt unter meinen Fuß bringen, bloß daß die blaue Bibliothek mein geheimer Kabinettsrat wär; und die Leut würden sich erstaunen, was ich als für Weisheit besäß. – Der Großmama möcht ich's sagen, sie wird es ganz gut aufnehmen; und ich brauch sie auch nicht zu schonen. – Was ist? – die Großmama hat eine tiefe Seele – andre nennen's Empfindsamkeit; Tiefe ist allemal Gewalt, aber sie ist gebunden, und die Gewalt weiß nicht, wie leicht sie die Fessel abwerfen kann, hab ich mir doch manchmal den Atem fast ausgeblasen, wenn wir morgens im Wald uns ein Feuerchen wollten machen zu unserm Pläsier, und es ist immer wieder ausgegangen, und ich hab's immer am kleinsten Köhlchen wieder angezündt; ich will auch blasen in der Großmutter ihr Judizium, warum ist sie betrübt, wenn es nicht ist, daß sie dadurch begreifen lernt, was sie den Bäumen schuldig war, alle Kraft ist man der Welt schuldig, und dem, der uns am nächsten steht, am ersten. Alle Anregung ist ein Aufwühlen des inneren Herzgrund, und das Unkraut muß untergepflügt werden, daß es die Wahrheit muß düngen, ich weiß nicht, was ich sagen wollt; ich bin unruhig, verzeih mir's, ich kann Dir nicht auf Deinen Brief antworten, ich wär so gern heut wieder nach Offenbach, aber alles fuhr nach Rödelheim, und wir haben, im großen Himmelspurpurmantel mit eingehüllt, auf der Wiese uns amüsiert, bis es Nacht war, ich ging mit dem Franz zu Fuß nach Haus, die andern fuhren, der Franz hat mir allerlei Schönes und Gutes gesagt unterwegs, ich hing mich mit beiden Händen an seinen Arm und verhopste alles; wie wir an die Bockenheimer Wart kamen, sagte er, häng dich doch jetzt an den linken Arm, denn der andre ist mir schon eine vierter Elle länger gereckt, damit der doch auch so lang wird.

Am Montag

Die Meline geht mit Savigny nach Marburg und sagt, ich soll auch mit, ich sag nicht ja, aber die Meline sagt: »Wer soll für dich sorgen, wenn ich's nicht tu, du wirst hier alles verschlampen, alles vergessen, alles verreißen, alles verschenken, alles verderben, du mußt mit.« – Kommst du früher, als die gehen, so bleib ich hier, denn da hab ich einen Altar, an den ich mich festhalte, kommst du aber nicht, so weiß ich, daß ich auf dem Glatteis, wie mir's unter den Fuß kommt, dahinfliege ohne Widerstand, es führt mich ja auch ebenso schnell zurück zu Dir, aber der Savigny schreibt, ich soll Dir sagen, daß er in den Sternen gelesen habe, Du werdest nach Marburg kommen. – Da leg ich Dir noch ein Blatt aus meiner Pappelbaum-Korrespondenz bei, ich hab doch alle Pfingsten, der ich mich erinnere, unter diesen Pappeln zugebracht – dies schrieb ich ihnen am letzten Pfingstfest, die schönsten Tage im Jahr ist Pfingsten, der Frühling feiert gekrönt seinen Sieg. Wie war ich so seelenzufrieden an jenen Tagen, alles ging aus ins weite Feld spazieren, alles fuhr über Land in schönen Kleidern, ich war auch weiß geputzt, und die Haare schön gelockt und mit flatterndem Band und gelben Schuhen besucht ich schon früh den Baum; heut konnt ich nicht hinaufklettern, ich hätte Schuhe und Kleid verdorben, darum dauerte mich der Baum, so fuhr ich lieber nicht mit spazieren und hielt ihm Gesellschaft, und weißt Du, was mich der Natur so anhängig macht? – daß sie manchmal so traurig ist – andre nennen das Langeweile, was einem zuweilen so mitten im Sonnenschein wie ein Stein aufs Herz fällt, ich aber leg es so aus: plötzlich steht man, ohne es zu wollen, ihr, der Allgöttin, gegenüber, ein geheim Gefühl der unendlich zärteren Sorge, die sie auf uns verwendet, als auf alle anderen Geschöpfe, macht uns schüchtern; alles umher gedeiht, jed Stäudchen, jed klein Käferchen zeigt von so tiefer feingegliederter Bildung, aber wo ist auch nur ein Knöspchen in unserem Geist, was nicht vom Wurm angenagt wär; sind wir nicht vom Staub befleckt, und zeigt sich ein Blättchen unserer Seele in seinem glänzenden Grün? – Wenn ich einen Baum begegne, der vom Mehltau oder vom Raupenfraß erkrankt ist, oder eine Staude, die verkeimt, dann mein ich, das ist Sprache der Natur, die uns das Bild einer ungroßmütigen Seele zeigt – und wären alle Fehler des Geistes überwunden, wären seine Kräfte in voller Blüte, wer weiß, ob dann in der Natur noch solcher Mißwachs oder schädlich Unkraut wär, ob der Brand noch ins Kornfeld käm, ob noch giftige Dolden wüchsen, wer weiß, ob noch solche traurige Augenblicke in ihr wären, die einem das Herz spalten; und man wendet sich ab, weil man nicht ahnen will, was tief im Herzen schmerzlich mit wehklagt. Nein, sie findet kein Gehör, die Mutter, obschon ihre Vorwürfe so zärtlich sind, daß sie einen gleich in ihren Schleier hüllen möcht, und das Gift der Krankheit möcht sie mit ihren Lippen aussaugen und aus ihrem Blut Balsam mischen, uns zu heilen.

>Beweislos denken ist frei denken!< dies eine nur laß mich Dir mit einem Beweis noch bekräftigen zum Beweis, daß ich Dich versteh! – Denken selbst ist ja von der Wahrheit sich nähren, sonst wär's faseln und nicht denken; denken ist, jenen Balsam trinken, den die Mutter aus ihrem Blute mischt, der uns von Schwächen heilt, ist ja Gehör geben ihren zärtlichen Vorwürfen; und durch Beweis dem eignen Herzen die Liebe darlegen wollen, die so ohne Rückhalt sich uns ergibt, ist Beweis genug, daß sie das Herz nicht rührte. – Die Wahrheit rührt das Herz, ist Geist, der augenblicklich höher steigt im Empfangen der Wahrheit selbst und sich nach Höherem umsieht. Du bist höher gestiegen in dieser Erkenntnis der reineren Geistesform, Du hast seine Krücken weggeworfen. – Sie sagen: »Wie will der Geist fortkommen ohne Krücken? – er hat ja keine Füße! – er wirft des Anstands enges Wams auch noch ab.« – »Seht, ich

habe Flügel!« und Deine Verteidigung, wie willst du die führen, wenn du keine Waffen hast, fragen die Philister. – »Ich bin Gottathlete, wer mit mir ringen wird, der mag meinen Triumph ohne Waffen um so tiefer fühlen; ich bin dann, und sie sind nicht mehr, die mit mir ringen; und wen ich nicht überwinde, der reicht auch nicht an mich heran, mich zu bekämpfen.« – Ja, ich fühl's deutlich, wie tief recht Du hast; es ist einzig reine und heilige Sprachquelle, die Wahrheit ohne Beweis führen. Sprach und Geist müssen sich lieben, und da braucht's keiner Beweise füreinander; ihr gegenseitigem Erfassen ist Liebe, die sich in ewigen Gefühlen zu den Sternen hebt – Du bist überwunden, Du bist ein Gefangener des Geistes – er besitzt Dich und tritt vor und spricht Dich aus. – Gute Nacht! schon sehr spät. –

Vor zwei Jahren geschrieben am Pfingstmontag

Bäume, die ihr mich bergt, mir spiegelt in der Seele sich euer dämmernd Grün, und von euren Wipfeln seh ich sehnend in die Weite.

Dorthin fließt der Strom und hebt nicht zum Ufer die Wellen, und es jagt nicht mit den Wolken, seinen fröhlichen Schiffen, der Wind.

Der hellere Tag flieht, und mein Gedanke lauscht, ob Antwort vielleicht ein sausender Bote von dir ihm bringe, Natur! O du! – du, der ich rufe, warum antwortest du nicht? – Immer gleich Herrliche! Allebendige!

Schauder über Schauder flößt mir, Herr! Herr! deine Natur ein. Da senkt sich der Wagen des Donnerers, die Berge hallen, es braust und duftet und weht! – Wohin, ihr Nebel? – ihr Rauchsäulen? – Wohin wandelt ihr alle? – Warum bin ich? – Warum mich an deinen Busen, Natur, wenn nicht erquickend mir's quillt aus deinen Tiefen, wie aus den Bergen quellen die rauschenden Wasser.

Ich hör dich, Donnerer, langsam ziehn am windstillen Tag übers Gebirg, in meiner Seele Saiten tönt's nach, sie bebt, die Seele, und kann nicht seufzen.

Lust und Hoffnung, ihr habt oft mich gewiegt wie die rauschenden Wipfel, ihr schienet endlos mir einst, wie jetzt mein düsterer Tag.

Da brechen die Wolken und strömen unter dir, Befreier! – und rings trinkt die Erde – und deine Donner – wohin? – Und ihr atmet wieder, Wiegengesang flüstert, wogt in eurem Laub, das mich umfängt.

Und ich will gern wieder leben mit euch allen, ihr Bäume, die ihr trinkt, segnende Ströme vom Himmel, und fröhlich wieder säuselt im Wind.

## An die Günderode

Heut morgen wach ich auf vom Rufen der Italiener, die Parapluies feiltragen, die wahre Lockstimme für mich – unwiderstehlich, ich denk gleich, der Italiener mag Regen wittern, denn sonst gehn sie nicht so früh herum, ich laß die Lisbeth den Mann heraufholen und lauf zur Meline – die liegt noch im Bett – ob wir nicht einen Parapluie wollen kaufen, mitzunehmen nach Marburg? die Meline kriegt einen Schrecken – sie glaubt, ich hab's Fieber, daß ich nach einem Parapluie frag, unterdessen war il signor Pagliaruggi vor der Tür und ein grünseidner Regenschirm gekauft, den ich auch gleich probieren wollt, so ging ich vors Tor in die Meß am Main, und so blieb ich bei den Klickerfässern stehen und kauft an dreißig Klicker, einer schöner wie der andre, von Achat und Marmor und Kristall, damit ging ich hinunter am Main, wo die Steinergeschirrleut halten, und besuchte die in ihren strohernen Hütten, und die Esel, die mit herzlichem Geschrei mich begrüßten, und die kleinen Hemdlosen, die da herumlaufen und klettern – und teilt ihnen meine Klicker aus, sie hatten keine Taschen, weil sie nackend laufen, so mußt ich ihnen meine Handschuh geben, daß sie die Klicker konnten aufheben, die banden sie sich mit Bindfaden um den Leib fest; das war kaum geschehen, so rief mich ein Schiffer an, ob ich nicht wollt überfahren – ich frag: »Es wird wohl regnen?« – »Nun, was schad's, Sie haben ja ein Wetterdach bei sich.« Wie ich drüben war so denk ich, ich will nach Oberrad gehn, zur Großmama ihrer Milchfrau und da Milch trinken, wie ich an der Milchfrau ihr Haus komm, so sagen die Leut, alleweil ist die Annemarie fort mit der Milch nach der Gerbermühl, wie ich auf die Gerbermühl komm, so läuft mir die Annemarie schon fort nach Offenbach mit der Milch, ich sag, ich will mit ihr gehen, sie hat ihre zwanzig Gemüskörb auf dem Kopf und ihre Milchkann am Arm, und so schlendert der groß Gemüsturm und ich als hintereinander durch die Hecken, sagt die Annemarie: »Es fängt schon an zu trepele, es werd gleich e dichtiger Schitel komme, warte Se, ich will Ihne ans von denen klene Körberchen gebe, des könne Se uf den Kop setze, do kommt Ihne ken Regen an.« – Nun fällt mir ein, daß ich doch das Wetterdach, den Parapluie, mitgenommen hab, wo ist der geblieben? entweder ich muß ihn haben bei den nackigen Büberchen lassen stehn, oder ich hab ihn im Schiff liegen lassen, beides ist gleich möglich, ich konnt ihn also die Wasserprob nicht halten lassen; so setzt ich der Milchfrau ihr rundes flaches Gemüskörbchen mit

Blumenkohl auf den Kopf, sie sagt: »Sie sehn so schön drunter aus wie die schönst Pariser Madam.« – Es war recht lustig, es begegneten mir allerlei Leut, die dachten, ich wollt balancieren lernen, der Regen hatte bald wieder aufgehört, so war ich, ohne dran zu denken, bis Offenbach gelaufen, an der Kastanienallee nahm ich den Korb ab. In der Stadt war recht Sonntagswetter, alles voll Sonnenschein, und in der Domstraß lag auf jeder Haustrepp vor der Tür ein Jolie mit dem blauseidnen Halsband, alle Jolies kennen mich, sie kamen an mich herangebellt, und da kamen die Spitze auch und Bommer und endlich auch dem Anton Andree seine englische Dogge mit siebzehn Jungen, die schon ziemlich herzhaft bellen. Die Milchfrau blieb ein paarmal stehen, um das Springen und Toben der Hunde zu sehen, und auch aus Furcht, sie möchten ihr den Gemüsturm aus der Balance bringen. »Ei«, sagte sie, »der türkisch Kaiser kann nicht schöner begrüßt werden, die bleiben ja in einem Vivatrufen.« – So klingelten wir an der Haustür, die Cousine meldete, daß die Großmama noch schlief, in den Garten wollt ich nicht gehen, ich blieb vor der Tür stehen bei den Hunden, da kam mein guter Herr Arenswald vorbei, er nahm den Hut ab, ich sagte ihm nicht, daß er ihn wieder aufsetzen solle, denn ich hatte gesehn, daß ein Loch drin war, und wollte diese Wissenschaft gern vor ihm verbergen. Er erzählte mir, er habe diesen Sommer eine Reise nach der Schweiz gemacht, weil er seinem Drang, die Natur dort zu betrachten, nicht habe widerstehen können, er bereue es auch gar nicht, obschon es ihm viel gekostet, ja er glaube, es sei sein letzter Heller drauf gegangen, ich war etwas beschämt und wollte ihm bei dieser vertrauten Mitteilung nicht grad ins Gesicht sehen, meine Augen fielen auf seine Stiefel, da präsentierte sich ganz ungerufen der kleine Schelm, sein großer Zehe, welchen Arenswald durchaus nicht bei der Audienz dulden wollte, denn er drückte ihn unter den Absatz vom andern Stiefel, der leider wie ein schlechtgeschloßner Laden vom Wind auffuhr, wo sollt ich meine Augen hinrichten? – ich sah auf seinen Bauch, da fehlten alle Knöpfe, und die Weste war mit Haarnadeln zugeklemmt wo er die mag her erwischt haben, denn er trägt einen Caligula, welches bekanntlich die höchste geniale Verwirrung im Haarsystem ist, wozu man weder Pomade, noch Kamm, noch Haarnadel braucht, sondern nur Staub und Stroh, damit die Schwalben und Sperlinge immer Material für ihre Bauten da finden. Unterdes erzählte er mir, es sei ihm in der Schweiz was Sonderbares geschehen, man habe ihm nämlich erzählt, daß es in waldigen Berggegenden eine Art Schnecken gäb, die sehr schmecken, und daß es auf dem Weg von Luzern irgendwohin auf einem Berg sehr viel solcher schmeckender Schnecken gibt, er habe solche auch in Masse im Wald angetroffen und einen so starken Appetit danach bekommen, daß er ihrer mehrere gegessen und ganz satt davon geworden sei, als er ins Wirtshaus zurückkam, verbat er sich sein Mittagessen, weil er zu viel von den so gut schmeckenden Schnecken gefunden, und habe sie mit so großem Appetit verzehrt, daß er unmöglich noch was genießen könne. »Wie?« – sagte der Wirt, »Sie haben die schmeckenden Schnecken gegessen?« – »Nun ja, warum nicht, sagten Sie nicht selbst, daß die Schnecken sehr wohl schmecken und daß die Leute gewaltig danach her sind, sie zu sammeln?« – »Ja! sehr schmecken hab ich gesagt, aber nicht: wohl! – schmecken heißt bei uns stinken, und die Leute sammeln sie für die Gerber, um das Leder einzuschmieren.« – So hab ich also dieses Gerbemittel gespeist und mich sehr wohl dabei befunden, erzählte Herr Arenswald, während ich sehr errötet in die Luft guckte, denn es war kein andrer Platz da, ohne auf eine grobe Sünde des gänzlichen Mangels zu stoßen. – Die Schneckenmahlzeit mag nun wahr sein oder auch erfunden, um mir auf eine feine Art verstehen zu geben, daß ihn der Hunger dazu gezwungen. Die Cousine rief mich herein, und Arenswald nahm, wie bei hohen Potentaten, rückwärtsgehend Abschied von mir, woraus ich schloß, daß es von hinten auch nicht besser mit ihm bestellt sein möge. Also erst die Begrüßung bei meinem Einzug, der Jubel war türkisch-kaiserlich nach der Milchfrau, der Gemüskorb mit Blumenkohl war meine Kron, den Baldachin, den Parapluie, hatt ich im Schiff gelassen, die erst Audienz war auch mit allen kaiserlichen Ehrenbezeugungen vor sich gegangen, unterwegs hatte ich großmütige Geschenke gemacht an die nackigen Büberchen, Arenswalds Audienz war auch eine untertänigste Anserzlegung des menschlichen Elends. Was will ich mehr? – immer hat's mir im Sinn gelegen, ich werde noch zu hohen Würden steigen. –

Ich werd auch geruhen, des schmeckenden Schneckenfressers außerordentliche Verdienste um die Selbsterhaltung zu belohnen, durch den Jud Hirsch, der morgen nach Offenbach geht; wenn mir's nur nicht bis morgen aus den Gedanken kommt wie der Parapluie, ein Fehler, den ich mit allen hohen Häuptern gemein hab. – Die Großmama war mir sehr freundlich, wir sprachen von Dir, sie will, daß Du sie besuchst, wenn Du zurückkehrst. Ich sagte ihr, daß ich, wenn sie es erlaube, nach Marburg gehen werde mit der Meline, diese kleine Ehrfurchtsbezeugung, um ihre Einwilligung zu bitten, schmeichelte ihr sehr, sie gab mir ihren besten Segen dazu, nannte mich ›Tochter ihrer Max, Kindele, Mädele‹, ringelte mein Haar, während sie sprach, erzählte im schwäbischen Dialekt, was sie nur in heiterer Weichherzigkeit tut und einem Ehrfurcht mit ihrer Liebenswürdigkeit einflößt, ihr Bezeigen war mir auffallend, da ich vor vier Tagen sie so tief verletzt, beinah erbittert fand über die Schmach, die ihrem gütigen Herzen widerfahren war. – Sie zeigte mir ein Wappen in Glas gemalt in einem prächtigen silbernen Rahmen mit goldnem Eichelkranz, worum in griechischer Sprache geschrieben steht: Alles aus Liebe, sonst geht die Welt unter, es ist dem Großpapa von der Stadt Trier geschenkt worden, weil er als Kanzler in trierischen Diensten sich gegen den Kurfürsten weigerte, eine Abgabe, die er zu drückend fand, dem Bauerstand aufzulegen; als er kein Gehör fand, nahm er lieber seinen Abschied, als seinen Namen unter eine unbillige Forderung zu schreiben; so kamen ihm die Bauern mit Bürgerkronen entgegen in allen Orten, wo er durchkam, und in Speier hatten sie sein Haus von innen und außen geschmückt und illuminiert zu seinem Empfang. Die Großmama erzählte noch so viel vom Stadionischen Haus, worin sie so lang mit dem Großpapa lebte, wenn ich's nur alles behalten hätt, doch vergeß ich die Beschreibung ihrer Wasserfahrten nicht auf dem See von Lilien, wo immer ein Nachen vorausfuhr, um in dem Wald von Wasserpflanzen eine Wasserstraß mit der Sense zu mähen, wie da von beiden Seiten die Schilfe und Blumen über den Kahn herfielen und die Schmetterlinge – und alles weiß sie noch, als wenn es heut geschehen wär. – Der Pappeln wollt ich nicht gedenken, die jammervolle Person des Arenswald, der so munter und grün über sein Elend hinaussteigt ins Freie, hatte mich aus den Angeln der Empfindsamkeit gehoben, ich will wetten, jetzt wo er Waldschnecken fressen kann, daß er noch viel mehr wagt, und wenn er nur so viel hat, daß er seine Beine reisefertig kriegt, so muß das andre mit und muß allerlei andre Dinge noch dazufressen lernen. Die Großmama fing aber von selbst von den Bäumen an, bei Gelegenheit des Wappens, sie erzählte, der Spruch sei wirklich Ersatz dem Großvater geworden, und er habe oft bei der Einschränkung, in der er später leben mußte, gesagt: »Besser konnt ich mir's nicht wünschen.« – Das Wappen hing über seinem Schreibtisch, und da er bei Bauer und Bürger in großem Ansehen stand, so kamen sie oft zu ihm in schwierigen Angelegenheiten, da hat er denn durch den

Spruch vom Wappen manchen zur Gerechtigkeit oder zur Nachsicht bewogen, er sei dadurch so im Ansehen gestiegen, daß sein Urteil mehr wirkte wie alles Rechtsverfahren, und mancher, der dem Buchstaben des Gesetzes nach sich durchfechten konnte, hat, um nicht das Urteil des Großvaters gegen sich zu haben, sich verglichen, und der Kurfürst hat sich auch wieder mit ihm versöhnt und ihm vollkommen recht gegeben, aber der Großvater schlug seine Anstellung aus, die der Kurfürst ihm wieder anbot; er sagte: >Hat mir Gott das Hemd ausgezogen und gefällt's ihm, mich schon auf Erden nackt und bloß herumlaufen zu sehen, so will ich mir keine Staatslivree als Feigenblatt für den menschlichen Ehrgeiz vorhalten, dem Herrn Kurfürst steh ich zu Diensten in allen gerechten Dingen, so wie mich Gott geschaffen hat, und der sich nicht vor ihm zu schämen braucht; ich mag nicht aus meinem Paradies heraus, denn ich mag mich mit keinem Feigenblatt inkommodieren; ich bin der unverschämteste Kerl von der Welt, und der Kurfürst ist die sittsamste Jungfer, die unter den geistlichen Würden zu treffen ist, er will keinen seiner Freunde nackt und bloß herumlaufen oder vor sein Angesicht kommen lassen; aber mir gefällt es besser, ganz nackend mit seinen Mummenschanzern herumzuspringen, denn da hab ich den Vorteil, daß sie sich selbst nicht mehr kennen, denn sie wissen so wenig, was das ist, ein Mensch sein, daß einer, der ohne Bemäntlung ihnen die Natur eines Menschen, wie sie vor Gott bestehen kann, darstellt, ihnen natürlich zeigen muß, daß sie selber Mißgeburten sind.< – In dieser Art hat der Großpapa auf des Kurfürsten Anträge geantwortet. – Die Großmama besitzt noch eine Korrespondenz, wo mehrere Briefe von des Kurfürsten eigner Hand dabei sind, mit den Abschriften vom Großvater; – der Großvater hatte ein Buch gegen das Mönchswesen geschrieben, was gar viel Aufsehen in damaliger Zeit machte, ins Französische übersetzt wurde, das hat mir die Großmama geschenkt; es war die erste Veranlassung zur Unzufriedenheit zwischen dem Kurfürsten und ihm, weil darin so viel Skandal der Mönche aufgedeckt ist, und war auch die erste Veranlassung zur Versöhnung, denn der Kurfürst gibt ihm in einem Brief sehr recht und sagt: >Wir werden diesem Ungeziefer, das mich mehr plagt als den armen Larzarus, dem ich mich gar sehr vergleiche, seine Schwären, noch eine Umwälzung in unserer Religion zu verdanken haben, es vergehet keine Woch, daß nicht verdrießliche Berichte dieser unflätigen Mönche einlaufen; der Mantel der christlichen Kirche, unter dem sie alle ingekeilt stehn

wie ein Ballen Stockfische, reicht nicht mehr zu, ihren Unflat zu bede-
cken.< – Schreibt der Großvater hierauf einen wunderschönen Brief über
Religion und Politik, den ich nicht behalten hab, worin mir aber jedes
Wort wie Gold klang. – Er sagt: >In einem großen Herzen müsse die Politik bloß aus der Religion hervorgehen, oder sie müßten vielmehr ganz
dasselbe sein, ein tätiger Mensch, der seine Zeit anwende, zu was sie ihm
verliehen sei, habe sie nicht übrig, sie in verschiednes zu teilen, so müsse
denn seine Religion als vollkommner Weltbürger in ihm ans Licht tre-
ten< – usw. – Dieser Brief ist so herrlich, so seelenrein, so über alles erhaben, wonach kleinliche Menschen zielen, aber auch so lebendig, daß ich
glauben muß, aus einem lebendigen Herzen entspringt alle Philosophie,
aber mit Fleisch und Bein und klopfendem Herzen fürs Gute, die sich
ewig regt und das irdische Weltleben reinigt, gesund macht wie ein Strom
frischer, gewürzreicher Luft; – das tut doch die Philosophie nicht, die
aufs Dreieck sich stützt, zwischen Attraktion und Repulsion und höchster Potenz einen gefährlichen Tanz hält, die dem gesunden Menschenverstand die Rippen einstoßen, und er als Invaliden-Krüppel sich endlich
zurückziehen muß. Und einmal ist doch die natürliche Geschichte unseres Lebens auch unsere Aufgabe, und ich denke, daß, wenn der Scharfsinn
sich von Hoffart unbeleibter Spekulation losmachte und sich ganz auf
den Zustand der sinnlichen Tagesgeschichte wendete: dann müßte kein
Gedanke so tief oder erhaben sein, der nicht im irdischen Treiben sich
Platz verschaffte und in sittlichem Sinn sich bekräftigt und aufwächst. –
So wie der Großvater möcht ich sein, dem alle Menschen gleich waren,
Fürsten und Bauern gleichmäßig auf den Verstand anredete, und nur
allein durch diesen mit ihnen zurechtkam, dem nie eine Sache gleichgül-
tig war, als läge sie außer seinem Kreis; er sagte: >Was ich mit meinem
Verstand beurteilen kann, das gehört unter meine Gewalt, unter mein
Richteramt, und ich muß laut und öffentlich entscheiden, wenn ich mich
vor Gott verantworten will, daß er mir den Verstand dazu gegeben, wer
sein Pfund benützt, dem wird noch mehr dazu, und er wird Herr über
alles gesetzt.< – Ja, das bin ich überzeugt, aber ich glaub nicht, daß die
Philosophen dies Ziel erreichen werden, ich glaub eher, daß man auf dem
Großvater seine Weise die tiefste Philosophie erwerbe, nämlich den Frie-
den, die Vereinigung der tiefsten geistigen Erkenntnis mit dem tätigen Leben. –
Der Großvater schrieb noch in einem andern Brief an den Kurfürst
über den Mißbrauch der vielen Feiertage und Verehrung der Heiligen, er

wollte, daß eine reinere Grundlage eine verbesserte Religion sei. – Statt so viel Heiligengeschichten und Wundertaten und Reliquien, alle Großtaten der Menschen zu verehren, ihre edlen Zwecke, ihre Opfer, ihre Irrungen auf der Kanzel begreiflich zu machen, sie nicht in falschem, sondern im wahren Sinn auszulegen, kurz, die Geschichte und die Bedürfnisse der Menschheit als einen Gegenstand notwendiger Betrachtung dem Volk deutlich zu machen sei besser, als sie alle Sonntagnachmittag mit Brüderschaften verbringen, wo sie sinnlose Gebetverslein und sonst Unsinn ableierten; – und schlägt dem Kurfürst vor, statt all dieses mattherzige, zeitversündigende Wesen unter seinen Schutz zu nehmen, so soll er doch lieber eine Brüderschaft stiften, wo den Menschen der Verstand geweckt werde, statt sie zu Idioten zu bilden durch sinnlose Übungen; da könne er ihnen mit besserem Gewissen Ablaß der Sünden versprechen, denn die Dummheit könne Gott weder in dieser noch in der andern Welt brauchen; aber Gott sei ein besserer Haushalter wie der Kurfürst, der lasse den gesunden Geist in keinem zugrunde gehen, aber in jener Welt könne nichts leben als der Geist, das übrige bleibe und gehöre zur Petrefaktion der Erde. – – Es ist eine einfache edle Korrespondenz, wo der Großpapa seinen Charakter nicht einmal verleugnet, der Kurfürst schreibt schön und edel, und schon das ist ein Verdienst, daß er ein Wohlgefallen an so tüchtigen Wahrheiten findet; – man hielt ihn wegen seinem dicken Leib für gar nicht besonders geistbeweglich. – Ich frug die Großmama, ob der Großvater denn Einfluß gehabt habe auf ihn. – Sie sagte: »Mein Kind, die geringste Luft hat ja Einfluß auf die menschliche Seele! warum sollte der reine uneigennützige Geist deines Großvaters keinen Einfluß auf den Kurfürst gehabt haben, der eben noch durch die Anerkenntnis des ganzen Landes auf einer so hohen Stufe stand, so daß der Kurfürst gegen sein eignes ungerechtes Verfahren es zugestehen mußte.« – Schon dies beweist auch, daß im Kurfürsten eine edle Grundlage war, es war auch gar nichts Geringes, was der Großvater aufopferte. – Er hatte in hohem Ansehen und Würden gestanden, hatte fünf Kinder, die noch so jung waren, und er vertauschte alles mit einer kleinen Hütte in Speier, wo er am Wasser ein kleines Gärtchen pflegte und in der Beschäftigung mit diesem sich gar glücklich fühlte; der Großvater war auch ein besonderer Liebhaber von dunkelroten Nelken, ich habe mich sehr gefreut, weil ich eine Ähnlichkeit mit ihm hab. Ich war zwei Jahr alt, als er starb. Er hatte einen Stock mit goldnem Knopf und ließ mich mit dem

Stockband spielen, ich erinnere mich noch deutlich, wie er mich anlächelte und seine großen schwarzen Augen mich verwunderten, daß ich darüber den Stock fallen ließ und ihn anstarrte, das war das erste- und letztemal, wo ich ihn sah – denn noch an demselben Abend ward er vom Schlag gerührt. Von diesen Erzählungen der Großmama ward mein Gedächtnis so lebhaft geweckt, daß ich glaubte, mich aller seiner Gesichtszüge deutlich zu erinnern, er trug einen zimtfarbigen Samtrock und sogar einen kleinen dreieckigen Hut mit goldnen Borten, besinn ich mich, den er vom Kopf nahm und mir aufsetzte und mich damit vor den Spiegel trug, daran hatte ich niemals gedacht, und jetzt weiß ich diesen Umstand ganz genau. – Ist das nicht wie eine Geistererscheinung? – und mag die Liebe nicht Geister beschwören können? – denn in jenem Augenblick war ich so begeistert und voll Liebe für ihn, daß ich meinte, ich müsse einen Geisterumgang durch die Kraft meiner Einbildung möglich machen können, worin mir der Großpapa alles Gute, was mir wach würde im Kopf, einflüstern werde, und ich glaub es auch; sollte denn das Wirken so wahrhafter Gesinnung mit dem Tode für uns aufhören müssen? ich sagte dies der Großmama, die antwortete: »Der Geist deines Großvaters regiert mich ja jetzt noch, wie hätte ich den Schmerz meiner lieben Bäume so bald verwinden können, wenn ich mich nicht seiner Lehren erinnert hätte; darum hab ich ja das Wappen der Stadt Trier hervorgesucht und diese Briefe des Kurfürsten. Und besonders diesen, wo der Kurfürst ihn wegen seinem Unrecht um Verzeihung bittet und dein Großvater so wahrhaft großmütig und doch heiter antwortet. Denn er schrieb dem Kurfürsten, er werde nie vergessen, daß er der Gründer seines Glücks sei, er habe ihm hierdurch Gelegenheit gegeben, sich selber in seiner Gesinnung zu erproben, und da er sich glücklich durchgekämpft habe, so fühle er sich jetzt wohl und in besonderer Glücksstimmung.« Sie sagte: dies bewege sie zur Nachsicht gegen die, welche sie beleidigt haben; – es komme drauf an, wie hoch eine Beleidigung aufgenommen werde; man solle keine stärkere Schuld dadurch auf andre wälzen, Verzeihung sei aufheben der Schuld, und Gott sei versöhnlich durch menschliche Großmut. – Der Großvater habe gesagt: »Was dir geschieht, das rechne für gar nichts! keine Rüge gilt etwas, sie sei denn zum Besten dessen, den man straft, sonst ist jede Strafe unnütze Rache, nur um den elenden Sünder noch elender zu machen«, und nutzlose Rache sei eine viel ärgere Sünde am Verbrecher, der dem Menschen heiliger sein müsse, insofern er so gut seiner Gnade anheimgegeben sei wie der Gnade Gottes, und Gott sei versöhnlich aus menschlicher Großmut, so müsse man aus Liebe die Welt nicht untergehen lassen und alles verzeihen, wozu der Spruch auf dem Wappen auffordere. – Und sie tue es ihrem Laroche zulieb, daß sie ohne Bitterkeit es ertrage. Die Bäume seien dies Jahr abgehauen, sie selber werde gewiß sie nur kurze Zeit noch vermissen und wolle durch den Verdruß, den sie dabei beweise, keine späte Reue veranlassen, denn sie wolle, daß alle Menschen so glücklich seien und am meisten die Ihrigen, für die sie so viele Opfer schon gebracht. – Vom Großvater erzählte sie mir noch, das ganze Land habe ihm Unterstützung angeboten, und er habe auf einem großen Fuß leben können, wenn er gewollt hätte, doch all diese Bezeigungen, die mit so viel Adel der Seele verbunden waren und von so reiner Gesinnung ausgingen, habe er ausgeschlagen von den Reichen, aber von seinen Bauern, denen er noch vieles geholfen, habe er angenommen, was ihm nötig war, denn, sagte er: »Das Scherflein der Witwe muß man nicht verschmähen.« – Sie hat mir noch manches zu erzählen versprochen von ihm, als ich so feurig danach war, so werd ich nächstens wieder zu ihr kommen. – Das Wappen wollt sie mir aufheben und mir vor ihrem Tod noch schenken, ich hätte lieber den Briefwechsel gehabt. – Ich glaub, zu so etwas hätt ich Verstand, es einzuleiten und zu bereichern für den Druck, da wollt ich wohl noch viel hinzufügen; mir kommt immer nur der Verstand, wenn ich von andern angeregt werd, von selbst fällt mir nichts ein, aber wenn ich von andern großes Lebendiges wahrnehme, so fällt mir gleich alles dazu ein, als sei ich aus dem Traum geweckt, vielleicht könnt ich hierdurch dem Clemens ein Genüge leisten, der mich zu so manchem aufgefordert hat, was mich ganz tot läßt. Erfinden kann ich gar nichts. Aber ich weiß gewiß, wenn ich diese Briefe des Großpapa durchläse, es würde mir alles einleuchten, was dazu gehört, ich weiß noch so viel von ihm, und die Großmama würde mir noch manches erzählen, ich hab sie noch nie ordentlich ausgefragt, und besonders hab ich mich gescheut, sie über ihre religiösen Ansichten zu fragen, weil ich fürchtete, sie zu beleidigen, aber bei diesem Gespräch sagte sie von selbst: »Siehst du, mein Kind, so trägt die goldne Au der Vergangenheit die Ähren, ohne welche so mancher an Geistesnahrung Hunger sterben müßte, und rund um uns, wo die Sonne ihren Lauf öffnet und wo sie ihn schließt, wo sie mit sengendem Strahl die Fluren brennt und wo sie lange ihr freundlich Antlitz verbirgt, allenthalben keimen Blumen, deren vereinter Strauß uns ein Andenken ist an die Kindheit unseres Geschlechts. So gehört die Vergangenheit zum Tag des Lebens. Sie ist die Wurzel des meinen. Dein Großvater war guter Mensch und guter Staatsbürger, der hat als solcher auf Fürsten und Untertanen gewirkt und auch bis heute noch auf seine Frau. Eine Vergangenheit ist also nicht für das wahre Gute, es wirkt ohne Ende, es kommt aus dem Geist, wie dein Großvater sagte, und alles andre, was vergänglich ist, das ist auch geistlos.« –

Es war Mittag, ich wär gern den ganzen Tag bei der Großmama geblieben, wenn man in Frankfurt gewußt hätte, wo ich war. – An der Gerbermühl begegnet mir Clemente mit meinem verlornen Parapluie, er war gleich hinter mir übergefahren und hatte ihn vom Schiffmann mitgenommen, war aber bei Willemers geblieben, jetzt fuhren wir zusammen im Sonnenschein unter aufgespanntem Baldachin auf dem Main zurück. Der Clemens geht morgen nach Mainz, er besucht Euch am End. – Beim Primas gestern große Parade, alle altadeligen Flaggen wehten. – Über die fünf Ellen lange Schleppen mußten die Herren mit hocherhobenen Beinen hinaussteigen, der Primas führte mich ins Kabinett, wo die Blumen stehen, und ließ zwei Sträuße binden für mich und die Meline, dies war als eine hohe Auszeichnung bemerkt worden, man hatte großen Respekt, der sich noch sehr steigerte, als mir der Primas beim Abschied ein Paket gab, sehr sauber in Papier eingesiegelt. Alle glaubten, es sei ein fürstlich Präsent, vielleicht ein Schnupftabaksdosen-Kabinettstück. Kein Mensch bedachte, daß der Primas zu witzig ist, um mir eine solche Albernheit anzutun. Nun wunderte man sich, daß ich mein Geschenk, so ohne Umstände, ohne mich zu bedanken, unter den Arm geklemmt habe; ich hatte tausend Spaß, die vielen Glossen zu hören, und konnte am End vor Vergnügen über die Neugierde nicht umhin, im Vorzimmer zu tanzen, während mich alles umringte mit Bitten, es zu öffnen, wozu ich mich nicht bewegen ließ, sonst wär der Spaß aus gewesen. Besonders quälte die Neugierde den Moritz, im grünen Sammetrock, der den ganzen Abend alle Spiegel mit der eignen Bewunderung seiner Person besetzt hielt. Sowie er die Überreichung dieses mystischen Pakets gewahr ward, lief er mir nach, dem hätt ich's aber grad nicht gesagt, im Paket war nichts, als was du wohl schon denken kannst, ein paar alte Judenjournale und die Drusenfamilie für die Großmama; ich soll's lesen, was mir eine harte Nuß ist. – Sagt ich's, so würde man den Primas wohl eher für einen Narren halten, daß er auf mein Urteil einen Wert legt, als mich für gescheit genug, dieser Auszeichnung Ehre zu machen, so mag's denn die Leut mir im Respekt halten; wüßten sie, es sei nur Papier und keine Dose, hielten sie mich zum Narren gehalten vom Primas.

Heut nacht fiel mir ein, daß ich meinen Kanarienvogel dem Bernhards Gärtner geben will, der hebt ihn gewiß gut auf, und macht ihm Freud, dann weiß er doch, daß er wieder was von mir erfährt, es waren doch liebe Tage, wo er mich pfropfen lehrte. Du weißt noch gar nicht alles, was ich da lernte, vom Fortpflanzen der Orangenbäume mit einem Blatt, von Nelken – und dann will ich ihm auch meine Granatbäume schicken und den Orangenbaum und den großen Myrtenbaum, er gibt sich gewiß Müh, daß er den zum Blühen bringt, ich hab so immer fürchten müssen, daß sie verdarben im Winter. – Das eine tut mir auch leid, daß ich von der Großmama weg muß, weil sie sich's in den Kopf gesetzt hat, sie werde nicht mehr lang leben wegen den Bäumen, sie sagt, sie wolle nicht erleben, diese Bäume, die sie so lange Jahre gepflegt habe, im nächsten Jahr im Ofen knattern zu hören. – Jetzt möcht ich gern noch so viel von ihr wissen, ich schäm mich, daß ich die ganze Zeit so leichtsinnig war, was hätte sie mir alles von der Mama erzählen können, von der ich so wenig weiß, als bloß, daß sie angebetet war. – Die Großmama sagte: »Sei versichert, hätte die Venus-Urania noch ein Kind gehabt außer dem Amor, so mußte es das Ebenbild deiner Mutter sein.« – Manchmal zweifle ich, ob ich noch nach Marburg mitgehen soll, meinst Du nicht auch, es wär besser, ich blieb hier? – Es ist doch auch schön, wenn ich noch das letzte Lebensjahr der Großmama recht freundlich mit ihr zubrächte, mich durstet nach dem Segen alter Leut; seitdem ich vom Tod weiß, so deucht mir die letzte Lebenszeit eines Menschen etwas Heiliges, und wie ich als Kind so gern Spielsachen, Dinge, die ich liebte, in die Erde vergraben hab, so möcht ich auch meine Geheimnisse, mein Sehnen, meine Gedanken und Ahnungen gern in die Brust legen von Menschen, die keine Forderungen mehr ans Irdische haben und bald unter der Erde sein werden, schreib mir doch darüber! Auf der andern Seite reizen mich die Briefe vom Christian auch sehr, er freut sich drauf, daß ich ein halb Jahr mit ihm zusammen sein werd, wir sind zusammen in unserer Kindheit gewesen und seitdem nicht wieder, er verspricht mir so viel von meinem Dortsein, und was und wie er mir alles lehren will; les die beiden Briefe von ihm an mich, und schreib mir, was du willst, das will ich tun. – Adieu, und schreib recht bald. Es ist hier alles beschäftigt mit dem Empfang von

Bonaparte, es wird ein großer Triumphbogen erbaut auf dem Raben-
stein, wo der Galgen gestanden hat. –


An die Bettine

Was Du von Arenswalds außerordentlichem Heißhunger nach der Natur
schreibst, so daß er darüber sich selbst zu speisen vergißt, dauert mich
sehr, versäum's nicht, ihm zu helfen, und schreib mir's, ob Du's auch nicht
vergessen hast. Die Geschichte von den Bäumen ist höchst betrübt; war's
Deine Schilderung, oder sind auch mir diese Stimmen, die so friedlich
mitrauschten, wenn wir dort wandelten, so zu Herzen gegangen, ich kann
mich auch nicht darüber trösten. Wir waren gestern auf dem Ostein, da
rauschten die Eichen königlich. – Die Großmama und die Geschichten
vom Großvater haben mich gefreut und gerührt, wenn ich auch nicht so
viel Interesse an solchen erlebten Dingen hätte, als ich wirklich habe, so
würde mir eine solche Beschäftigung, als diese Erzählungen aus der Großmutter Mund zu sammeln, für Dich sehr schön erscheinen und lieblich. –
Alles, was das Gemüt anregt, erfrischt und erfüllt, ist mir heilig, sollte auch
im Gedächtnis kein Monument davon zurückbleiben; hier aber, wo Du
zugleich Dich üben würdest, etwas in konsequenter Ordnung zu behandeln, Deinen eignen Geist in seinen Anschauungen zu entwickeln, würde
es noch mehr Wert haben. Ich hab immer Biographien mit eigner Freude
gelesen, es ist mir dabei stets vorgekommen, als könne man keinen voll-
ständigen Menschen erdichten, man erfindet immer nur eine Seite, die
Kompliziertheit des menschlichen Daseins bleibt unerreicht und also
unwahr, denn alle Momente müssen immer den einen bestimmen oder
begreiflich machen. – Dein Verhältnis zur Großmama würde auch schön
sein, Dein Sammeln von Deiner Mutter Kinderzügen, ein Werk der Pietät, was dir jetzt und vielleicht später noch ein großes Interesse gewährt,
besonders wenn es Dir gelänge, es mit dem Dir so eigentümlichen Geist
des unmittelbaren Mitfühlens niederzuschreiben, das alles sehe ich recht
gut ein – aber ich bin dennoch nicht entschieden, ob ich Dir dazu raten
soll; wenn ich überleg, welcher ungeheuren Zerstreutheit Du in Eurem
Haus ausgesetzt bist, der Du unmöglich entgehen kannst; alles Durchrei-
sende, was zu Euch kommt, der Primas, der dich vorzieht, und wo Du gar
nicht ausweichen kannst hinzugehen – – was das alles die Zeit zersplittert,

und wenn Du auch nicht selbst viel Umstände mit Deiner Toilette machst, so wirst Du in dem Nest voll schöner Frauen doch alle Augenblick Dich der gemeinsamen Beratung hingeben, und bei Deiner Lebhaftigkeit und Deinem Talent zum Malerischen seh ich schon den Winter vergehen, bloß mit Putz wählen und dergleichen, und die Großmama wird wenig von ihren Schätzen Dir mitteilen können. – Marburg ist im Gegenteil ein Nest, wo du ganz als Einsiedler wirst leben können, zum wenigsten kannst du keiner Zerstreuung dort ausgesetzt sein, die Briefe vom Christian versprechen so viel Gutes für Dich, Du hast lange nicht mit ihm gelebt; es ist doch auch schön mit ihm, der so viel großes Genie hat, so reine Begriffe von der Wissenschaft und so tief und so würdigend mit Dir spricht, wieder eine Weile zusammen zu sein; ein Bruder wird oft auch von der Schwester weggerissen durch allerlei Schicksale, sie begegnen sich vielleicht nicht zum zweitenmal, so muß man denn einen so glücklichen Zufall nicht leichtsinnig verscherzen, und im ganzen genommen, welche Lage deucht Dir edler: jene in der winterlichen Einsamkeit in Marburg in dem engen beschränkten Kreis, aber mit dem lieben Savigny, der so viel höher steht wie andre, der Dir dann so nah ist und Deine Gegenwart auch zu seinen freundlichen, erquickenden Momenten rechnet und Dich gegen Deine eignen Launen verteidigen wird, die so oft ins Träge und Melancholische spielen.

Und ich denke mir darin einen großen Genuß für Dich, daß Du die große weite Natur im Winterkleid vor Dir hast, denn die Gegend von Marburg ist sehr schön und lacht einem zum Fenster herein – oder, ist es dir lieber, in jener Zerstreuung bald dies bald jenes beginnend und endlich mit Verdruß an Dir selber verzweifelnd, daß Du zu nichts gekommen bist? – Ich glaub, daß du alle Deine guten Vorsätze sehr erleichtern könntest und Deine Zwecke erreichen, wenn du von Marburg aus einen korrekten Briefwechsel mit der Großmama führtest, deine Briefe würden ihr gewiß Freude machen, sie würde nicht versäumen, Deine Fragen nach der Jugend und dem Geist Deiner Mutter zu beantworten sowie nach Deinem Großvater, Du könntest Deine eignen Bemerkungen hinzufügen und brauchtest nur die Vorsicht zu haben, Deine Briefe von irgendeinem unschuldigen Kopist abschreiben zu lassen, so hättest du als Nebenarbeit und wahrscheinlich viel vollständiger und gelungener, wozu Du vielleicht vergebliche Anstalten in Frankfurt machen würdest – das ist meine Meinung, jedoch will ich nicht damit einen Machtspruch getan haben. Leb wohl.

Karoline

An die Günderode

Bonaparte ist durch und hat seinen Tempel nicht gesehen; der Galgen
ist abgeschlagen worden und auf das alte Postament ein Tempel gebaut,
ich glaube gar mit einer Bildsäule, und das Ganze ist illuminiert worden
zum Volksfest, wobei noch allerlei Belustigungen vorfielen; daß das Gal-
genfeld zu diesem Platz ausersehen war, machte besonders den Sachsen-
häusern Spaß. –

Clödchen ist krank und liegt auf dem Kanapee, ich bin meistens den
ganzen Tag bei ihr und wache auch nachts, wenn sie sich unwohler fühlt.
Es geht hier wieder alles nach der alten Leier, Dein Brief kam zu rechter
Zeit, um mit allen Umständen zusammen mich zu überzeugen, daß du
recht hast, die Engländer sind Hauptperson hier; abends wird im Tee-
zimmer vom Moritz die ›Delphine‹ von der Stael vorgelesen, für mich
das Absurdeste, was ich hören kann, ich mach einen Plumpsack von meinem Schnupftuch und amüsiere die Kinder derweil, das hat den Lekteur
nicht wenig verdrossen, ja ich muß fort. – Am Montag war Ball bei Leon-
hardi, um seine neue Einrichtung zu zeigen, lauter ägyptische Ungeheuer
hat er an die Wand malen lassen. – Gestern war schon wieder Cour beim
Primas, ich war's so satt, daß ich mich versteckte beim Wegfahren; sie
suchten mich überall; ich war in meinem Bett versteckt, und der Franz
war bös, aber, um ihn wiedergutzumachen, hab ich mir eine besondre
List ersonnen, ich fand in der Tonie ihrem Küchenrevier einen großen
Korb mit weißen Rüben, den hab ich vorgenommen mit den Leuten, sie
ganz dünn abgeschält und ausgehöhlt inwendig, in jede ein Wachslicht
gesteckt und so die ganze Treppe illuminiert und den Vorplatz – ich hab
bis nach Mitternacht mit zu tun gehabt, es war recht dumm, es wär besser
gewesen, ich wär mitgegangen, denn der Primas ließ mir sagen, weil ich
nicht mitgegangen wär, so soll ich am Freitag mit ihm und dem Weihbischof zu Mittag speisen und Fasttag halten. Ja, ich geh fort, ich bin in
Gedanken schon unterwegs, die Meline hat auch schon alle Vorkehrung
getroffen, ja ich geh! – es tut mir nichts leid, als daß ich geh, eh Du wie-
derkommst, daß ich geh und daß Du hier bleibst, aber ich tu es, weil Du
es sagst, weil ich Dich als meinen Genius anerkenne – nein, nicht Du –
aber er nimmt Deine Stimme an, ich freu mich, wenn meine Empfindungen diesen Winter ein bißchen hart frieren – ich freu mich auf alles. –

Dem Arenswald hab ich, ohne mich im geringsten arm zu machen,
Geld geschickt, ich hab beim Durchsuchen meiner Papiere allerlei verlo-

ren Geld zusammengefunden, von dem ich gar nicht wußt, daß es da war, ich hab alles in einem kleinen Beutel ihm geschickt und dem Gärtner den Kanarienvogel. Eh wir abreisen, geh ich noch mit der Meline hinaus zur Großmama, dann will ich sie bitten, daß ich, wie Du meinst, Briefe mit ihr wechsle. Adieu, vielleicht schreib ich Dir nicht mehr von hier. – Ich bin so lustig, daß ich fortgeh, ich freu mich so drauf auf die schöne Winterlandschaft, die Du mir beschrieben hast, die mir ins Fenster hereinsehen wird – ich weiß es schon, ich werd selig sein. – Ich hab keine Ruh zum Schreiben, das Reisen steckt mir in den Gliedern, ich spring treppauf, treppab; die arme Clandine, wer wird sie pflegen? sie hat mir aber versprochen, sie wollt, solang ich fort bin, nicht krank werden, denn ich bin eifersüchtig drauf, wie manche Nacht hab ich da gewacht und simuliert und hübsche Bücher gelesen, aber wenn sie krank wird, so gehst Du wohl als zu ihr. – Drauß auf dem Wall war ich auch, um noch von unserm Lieblingsspaziergang Abschied zu nehmen, die meisten Blätter sind schon gefallen, ich ging in einem Rauschen durch, alle Bäume regneten noch Blätter auf mich. – Der Moritz bleibt also mit seiner ›Delphine‹ hier sitzen, das macht mich auch ganz vergnügt, daß ich das auch nicht mehr anzuhören brauch.

Bettine

Marburg

Weißt Du denn, wer meine erste Bekanntschaft ist, die ich hier gemacht hab? – Ein Jud! aber was für einer? der schönste Mann! ein weißer Bart von einer halben Elle, große braune Augen, so schöne einfache Gestalt, die ruhigste Stirn, prächtige, majestätische Nase, Rednerlippen, aber von denen die Weisheit süß hervortönen muß. Unser Hauswirt, der Professor Weiß, rief mich und sagte: »Wollen Sie einen schönen Juden sehen, so kommen Sie in meiner Frau ihr Zimmer, sie verhandelt ihm eben ihr Hochzeitskleid.« Die Meline wollte nicht mitgehen und war verwundert, daß Weiß uns einlud, einem Handelsjud die Aufwartung zu machen, ich hab's aber nicht bereut, es war ein Bild zum Malen, er saß in einem sehr reinen Rabbiner- oder Gelehrten-Gewand am Tisch, seine Hand guckte aus dem schwarzen weiten Ärmel, und das Abendrot leuchtete durch die Scheiben; die Frau Professorin stand vor ihm und hielt ihren Hochzeitkontusch oder war's der von ihrer Mutter, denn es schien sehr altertümlicher Stoff, an beiden Ärmeln ausgebreitet, ihre Kinder standen zu beiden Seiten und hielten die Schleppe auseinander, es war ein orangenfarbner Stoff mit silbernen Sträußen und granatfarbnen Blumen durchwirkt, was sehr schön mit dem starken Abendrot konrastierte, es war das schönste Bild, und gern hätt ich die Meline gerufen, es mit anzusehen, wenn nicht eine Scheu, um nicht zu sagen Ehrfurcht, mich auf dem Platz gehalten hätt, ich hätte diesen Mann nicht mögen als Gegenstand der Neugierde behandeln. – Es hatte mir auch was ganz Rätselhaftes, die Leute mit so großer Ehrfurcht vor ihm stehen zu sehen und ruhig seinen Ausspruch bei einem Handel abzuwarten. – Sie sprachen über eine Summe, wozu noch mehrere andre altertümliche Stoffe gehörten, die auf dem Tisch lagen. – Ich tat, als sei ich begierig, sie zu sehen, bloß um mit Anstand noch bleiben zu können, denn je länger ich ihn ansah, je mehr fühlte ich mich angezogen und doch schüchtern, und der Weiß hätt mich gewiß nicht der Tür hinaus gebracht, solang er da war; der Jude ließ mir von seinem Enkelsohn, der hinter ihm stand, die Stoffe ausbreiten, ich tat, als wär ich höchlich erfreut über das Vert-de-pomme-Kleid mit Apfel- blüte, und mein Alter sah mich unterdes von der Seite an, das merkt ich, das machte mir heimlich Freud. – Der Professor Weiß sagte: »Nun, Ephraim, müssen wir erst ein Glas Wein zusammen trinken, und Sie trin- ken auch mit«, sagte er zu mir, er schenkte dem Juden zuerst ein, der aber reichte mir sein Glas, ich sagte, daß ich keinen Wein trinke. Aber nippen können Sie doch wohl, sagte er – ich nahm's ihm ab und schluckte ein wenig davon, er dankte mir und trank es auf der Stelle aus, dann sah er mich lächelnd an, als wollt er sagen: freut's dich, daß ich dir so viel Ach- tung bezeige? – ich lächelte mit ihm, und ich war ganz rot geworden vor Vergnügen. Weiß sprach noch allerlei mit ihm, was bewies, daß er ihn sehr in Achtung hält. – Weiß sagte von mir: »Was meint Ihr, Ephraim, daß wir jetzt so allerliebste Studenten haben, hier wird das erste Semester gehalten, und ich werd Euch bei so feinen Studenten empfehlen, das wär Euch wohl ein groß Vergnügen, diesem kleinen Studenten Unterricht zu geben?« – Es war ein so liebenswürdiger Adel in allem, was er sagte, und wie er den gutherzigen Scherzen des Weiß eine feine Wendung gab, daß sie mich nicht verletzen sollten, daß ich ganz eingenommen von ihm war und mich wirklich sehr in acht nahm, ihm solche Antworten zu geben, die ihm Interesse sollten für mich geben; zwei Stund hab ich so mit ihm geplaudert, und ich dacht schon drauf, wie ich's machen wollt, daß ich ihn öfter sehen könnt, so sagt ich, wie er wegging, an unserer Tür vorbei, daß ich da eine Schwester noch habe, und ich wünschte gar sehr, daß sie auch seine Bekanntschaft machen möchte, er versprach mir, daß, wenn er wiederkäme, so wolle er bei mir anklopfen. Ich freu mich recht drauf.

Von Frankfurt hab ich Abschied genommen, wie ein Has übers beschneite Feld jagt, man sieht kaum seine Pfötchen im Schnee, und es war auch kein Jäger da, der mich gern geschossen hätt. Beim Primas war ich sehr lustig auf der Fastenmahlzeit; wie ich Abschied nahm, sagte er: »Ich freu mich auf Ihre Wiederkunft« und nahm mich bei der Hand und begleitete mich durchs Vorzimmer. In Offenbach hab ich alles mit der Großmutter besprochen, aber in den Garten, der nicht mehr rauscht, konnt ich nicht gehen, um Abschied zu nehmen, so gern ich gewollt hätt und lieber als von allen andern, denn ich war vertrauter mit ihm; dann war ich auch beim Gärtner und fragte, ob er meine Bäume ins Winterquartier wollt nehmen, und wenn Du aus dem Rheingau kämst, so würdest Du den Kanarienvogel abholen; er fragte, ob ich den nicht bei ihm wollt lassen; ich versprach ihm, daß wenn Du einwilligst, so darf er ihn behalten, und einer kleinen Koketterie machte er mich aufs pläsierlichste schuldig: ich nahm den Vogel aus dem Käfig, küßt ihn auf sein klein Schnäbelchen und sagt: »Adieu, lieber Gärtner.« Als ich zur Großmutter zurückkam, war's schon bald Nacht, die Meline und Tonie wollten zurückfahren; ich bat sie, noch eine Viertelstund zu bleiben, und wie es schon ganz Nacht war, da hab ich mich doch in den Garten geschlichen und hab die Augen zugemacht, bis ich an den Pappeln war, und hab sie alle getröst mit Worten, denn ich dacht, wer weiß, wie mir's geht, ob ich nicht auch einmal so trostlos dasteh; sollt sich da mein Freund vor mir scheuen, weil's ihm zu traurig ist? – und das Herz war mir viel leichter; ich würde auch jetzt wieder hingehen, wenn ich noch da blieb, denn wie könnt ich ihnen alles vergelten, wenn ich jetzt nicht wollt mit ihnen sein wie früher, und was wär doch das schönste Geheimnis dieses Umgangs mit ihnen, wenn ich sie jetzt verleugnen wollt, es wär grad wie eine ewige Liebe zum Helden, die wie Spreu auseinanderfliegt, weil der zum Krüppel geschossen worden. – Es ist mir da im Garten recht deutlich geworden und viel empfundner in der Seele, daß das Beleben Genie ist; – eine Seele, die aus meiner Seele aufsteigt und das, was mich erregt, bewohnt so zärtlich, so edel ich empfinden kann. Die rauschenden Bäume haben mich bewegt; davon ist meine Seele wach geworden und ist aufgestiegen und hat jene Bäume belebt, und sollte diese Seele ihnen jetzt absterben, weil sie irdisch elend sind? – Da würd ich mich ja selbst töten in ihnen. Nein, in jedem Unglücklichen soll man doppelt lebendig werden. –

Eh wir abreisten, hatte ich noch manchen Kampf mit den andern; man war nicht einig, ob ich dem Savigny nicht lästig sein würde, weil man glaubt und gewiß weiß, daß er nichts auf mich hält. Ich halte nun auch eben nichts Besondres von mir; ich hab ihn immer noch wie sonst lieb, und so scheu ich mich gar nicht, mit ihm zu leben, obschon er einen Widerwillen gegen meine Natur zu haben scheint, um so glanzvoller erscheint mir deine Nachsicht mit mir; und er behauptet, ich sei hochmütig, – manchmal glaub ich's gar, weil er doch gescheuter ist als wir alle – und kann also einen Charakter besser beurteilen. – Und dann, kann ich Dir sagen, freu ich mich ordentlichermaßen über diesen Hochmut und denke, es muß doch wohl auch was hinter mir sein, denn ohne Ursache dazu würd er nicht drauf kommen; was glaubt er wohl, das mich so hochmütig macht? – Ha ha ha! – das heißt: ich lach! – über was? – daß der Savigny nichts weiß von meiner zärtlichen Neigung für den Jud – und wie ich alle vornehme Leut nicht leiden kann, weil sie mir zu gemein sind und weil kein Mensch im Haus weiß, warum ich als übermütig bin, und das ist heut einmal wieder, weil ich ein besonders angenehm Abenteuer hatte; ich war im Garten, der am Berg liegt, und guckte über die Mauer und sah den Ephraim den Weg heraufkommen. Ich lehnt mich über die Mauer und ließ mein Sacktuch im Wind fliegen, daß er mich sehn sollt; und wie er herankam, sprach ich mit ihm ein ganz Weilchen, aber nicht, wie gewöhnlich die Menschen sprechen. Ich sagte ihm, daß es mir Freude mache, ihn wiederzusehen, und auch darum, weil mir sein Wesen einen Naturmoment vergegenwärtige, mit dem sich mein Gesicht und mein Gemüt näher verwandt fühle als mit jedem andern; ich sagt ihm, das sei die Dämmerung am Abend; so komme mir sein Blick und sein ganz Wesen vor – wie Dämmerung, die über einer erhabnen Natur ausgebreitet sei; in solcher Stunde ist mein Gesicht schärfer und mein Gefühl sehr zum Vertrauen geneigt. – Du kannst wohl denken, daß es der Mühe wert ist, mit ihm zu reden, denn sonst wär ich darauf nicht gekommen, ihm so was zu sagen. Er sagt: »Die sichtbare Welt ist trüb, aber mit hellem Blick braucht einer nicht lang zu forschen; in wenig Zügen erkennt er, was ihm verwandt ist.« Ich sagte: »Aber wie erlangt man einen so hellen Blick?« – »Man muß allein die Natur anschauen und kein Vorurteil zulassen, das gibt einen hellen Blick.« – Ich frag: »Traut Ihr mir das zu, daß ich die Natur mit hellem Blick anschau und ohne Vorurteil?« – »Ja«, sagt er, »und ich weiß, daß ich nicht irre, – und daß Sie scharfsichtig sind.« – »So hab ich also recht, wenn ich in Euch einen begeisterten Mann erkenne?« – »Zum wenigsten sind Sie dem Wahren näher als andre, die den Juden für einen gedrückten Mann halten; innerlich quillt die Freiheit, und ein Tropfen ist genug, über alle Verachtung uns zu heben.« – Ich hörte Leute den einsamen Weg heraufkommen und brach ab, weil mir das Geheimnis schon zu lieb war mit ihm. Ich sagte: »Leb wohl, Jude, denk an unser Gespräch, und wenn du von deiner Reise heimkehrst, komm zu mir.« Wer mag nun schärfer sehen, der Savigny meinen Hochmut oder der Jud meinen vorurteilsfreien, zutraulichen Blick? – Ich geb aber dem Savigny nicht unrecht, denn was ist doch die überglückliche, übermütige Lust, daß ich ihn mit dem Jud anführ, als nur Hochmut? – Es haben mir's auch schon mehr Leut gesagt; noch wie ich Abschied nahm, sagte der Moritz, ich sei hochmütig, weil ich behauptete, ich gehe von Frankfurt, daß er seine fünf Bände lange ›Delphine‹ abends vorlesen könne; wenn er damit fertig sei, wolle ich wiederkommen. Da schrie das ganze Teegewimmel auf mich ein, ich sei das hoffärtigste Ding von der Welt, für alles scheine ich mir zu gut, von nichts meint ich noch, was lernen zu können, die ›Delphine‹, von der ersten Schriftstellerin Europas geschrieben, die ennuyiere mich; wenn irgend jemand was Gescheutes vorbrächt, so lege ich mich an den Boden und strample eine Weile mit den Füßen oder schlafe ein, aber jeder dumme Spaß mache mir Vergnügen. – Ich sag: »Ist das Hoffart? das scheint mir eher Unverstand zu sein, daß ich Euch in Eurem Genuß nicht nach kann.« – »Ja, Hoffart ist eben Unverstand.« – Siehst Du! – es ist die allgemeine Ansicht. – Sie haben am End den Savigny mit angesteckt. – Nächstens schreib ich Dir von allem genauer, von der ganzen Gegend, von den Leuten, von unserer Wohnung. Meline wohnt mit mir ganz hoch oben am Berg, Savignys unten, alles ist hier terrassenförmig. – Adieu, ich muß der Meline helfen einen Diwan für uns zurechtpolstern.

Bettine

## An die Günderode

Schon die dritte Woch ist's, und ich hab noch nicht geschrieben und Du auch nicht, was ist schuld dran? – Ich hab in der Zeit die neugierig

Gegend rund um mich durchspäht, auf dem Boden nach allen Seiten durch die Gaublöcher mich orientiert, im dichtesten Laubregen den Wald durchwallfahrtet von einem hohen Stamm zum andern. Bäume sind Bäume, aber sie sehen doch verächtlich auf die Menschen herab, die um der Gesundheit willen so hastig unter ihnen herlaufen und nicht einmal den Blick zu ihnen hinaufrichten; ich hab dort mit dem Savigny die ganze motionmachende Fakultät begegnet; im mottenfräßigen Pelz, Nebelkappe, großen Filzschuhen und antiken Stiefelmanschetten durchkreuzten sie die Wege. Hügelichter Boden, dichtes Moos, überglast vom Reif, reine kalte Luft, die herzhaft macht, alles neu, überraschend, die Muse führte mich über Stock und Stein und schenkte mir den ganzen Wald für Dich, ich hab auch bei jeder vornehmen Waldkrone still gestanden und bis zum Wipfel betrachtet und zum Zeichen der Besitznahme mit dem Stock dran geschlagen, jetzt laß den alten Kurfürst von Hessen-Kassel meinen, was er Lust hat, der Wald gehört Dein, und wenn ich drin herumlauf, so hab ich meine Freud, daß ich auf Deinem Grund und Boden bin. Im Frühjahr muß es hier sein wie inwendig in der Seel; Frühling drauß, Frühling drin, ein Wille und ein Tun – blüht der Apfelbaum, so hab ich rote Backen, stürzt sich der eigensinnige Bach die Klippentrepp hinab, so setz ich ihm nach und spring kreuz und quer über ihn weg, ruft die Nachtigall, so komm ich gerennt, und tanzen die Mühlräder mit der Lahn einen Walzer ins Tal hinab, so pfeif ich auf dem Berg ein Stückchen dazu und guck über die rauchenden Hütten und über die schirmenden Bäume hinaus, wie sie ihren Mutwill verjuchzen, und der Müller und sein Schätzchen auch, die denken, kein Mensch säh's. – Morgenrührung, Abendwehmut wird nicht statuiert; in den Hecken blüht Frühlingsfeier genug, Schnurren und Summen und Windgeflüster. Aber weil's Winter ist und kein Frühling, so wollt ich nur sagen, wie alles so herzhaft und sorgenfrei ist in der Natur hier, so unverhehlte Lebenslust, man müßte sich schämen der Ahnungswehen und Sehnsuchtsträume, statt lustig mit zu grünen und zu sausen und zu plätschern; ich mein nur, es ist nicht möglich, hier mitten im drallen Hessenland anders zu sein als das heimatlich Fleckchen Welt selbst, was so kugelig unter Deinen Füßen, Dich kollernd, stolpernd hinab und hinan verlockt und doch überall so herzlich Dich einladend zum Sitzen, zum Ruhen am Rasen, am Berg und in Dir selber. – Es haben sich frühe Wintertage eingestellt, Meline leidet am Halsfieber, woran hier alles krank liegt, Gunda auch geht wegen

Unwohlsein alle Tage vor Sonnenuntergang zu Bett. Savigny wohnt mit ihr in einem andern Teil des Hauses, der unter unserer Wohnung liegt, durch Terrassen und Hof geschieden; so bin ich ganz allein mit der Meline, die hübsch ruhig im Schlafzimmer nebenan liegt. Diese Einsamkeit erquickt und ergötzt mich. Der schwärmerische Hausarzt ist Poet, er bringt Gedichte, die er in der Dämmerungsstunde vorliest – Träume, Schäume, Liebe, Triebe gleiten sanft am Gestade meines Ohrs dahin; man reicht dem Doktor die Hand, er drückt sie mit stillem Ernst, mit seelenvoller Miene; weiter wird nichts gereicht von Lob. – So schwillt die Knospe des Leichtsinns leise, leise in der Brust, bald wird sie bersten und in einen fröhlichen Blust ausbrechen, so nennen die hessischen Bauern die Blüte. Nichts von Rührung, Erhabnem, Verinnigung, Wonnegefühl, Begeistrung und aller gebildeten Geisteswirtschaft. – Was ich an mir selber bin, das teil ich Dir mit und strenge mich nicht mit Verschönerungsprinzipien der Sittlichkeit an, ich muß einmal erproben, was meine Seele für einen Ton angibt, ob sie vielleicht von Natur so derb ist wie's liebe Hessenland. – Ich fang an zu glauben, daß ich gar nicht fürs Gesellschaftliche geboren bin, konnt ich je meiner Phantasie nachgeben, ohne mich zu erhitzen über den sinnlosen Widerspruch der andern? – und bin ich nicht eingeschlafen beim Primas über dem Gesumse von geputzten Leuten, und hab ich mir nicht eingebildet, meine liebsten Leut wären verrückt geworden mit dem Jabot von Point d'alencon, der eine halbe Elle vorstand und mit brillantnen Knöpfen und mit – und mit – einem Haarbeutel hinten angeklemmt, hab ich mich da nicht zu Tod geschämt, daß einer mit einem Haarbeutel so vergnügt herumlaufen konnt, als wär's ein Verdienst, und ist's nicht auch beschämend für die freie Seele, sich äußerliche Zeichen des Wahnsinns anzuhängen auf Befehl, daß Bonaparte damit geehrt soll werden? – der George hat seinen Haarbeutel aber abgerissen und ihn mitten in den Salon unter die Leut geworfen, die Königin von Holland schlurte ihn mit der Schleppe durch alle Zimmer, ich hab's gesehen und mich drüber heimlich erlustigt. Aber bloß um nicht zu sehen, was all für dummer Wahnsinn dort an der Tagesordnung ist, mag ich den Winter nicht hin, man kann sich nicht lang amüsieren mit den Albernheiten, die der Kreis von Menschen ausgehen läßt, der sich die gebildete Welt nennt und sonst keine Grundlage. Eine hat der andern dicht neben mir in ihr Halsband gebissen, um zu sehen, ob es wahr sci, daß ihre Perlen echt wären, und hat sich sehr geärgert, daß sie nicht entzwei gingen, und so ärgert sich alles über alles, was echt ist, und so kennt ich doch nichts Besseres und Christlicheres tun, als lieber einschlafen, ich hab's auch dem Primas gesagt, wie er mich geneckt hat; es sei, um Ärgernis zu vermeiden, denn ich sei echt, und es kommt mir ordentlich herabwürdigend vor, mich unter ihnen herumzutreiben. – Hier bin ich glücklich, durch die Freiheit in der freien Natur herumzuschwärmen, in deren Mitte ich wohne. Des Einsiedlers Klause in tiefer Wildnis kann nicht mehr mitten ihr im Schoß liegen als ich, ja ich darf mich selbst als einen Teil von ihr empfinden, was mich nicht beschämt wie die Gesellschaft, daß ich ihresgleichen bin, aber mich freudig und selbstfühlend macht, daß sie so gut gegen mich ist vor andern. Wenn ich aus dem Fenster im Schlafzimmer so grad auf den winterlich grünen Berg steigen kann und dann hinunter und hinauf, auf alten gefährlichen Mauern, die bald einbrechen, bald himmelan steigen, bis zum Wall vom alten, zerfallnen Festungsschloß oben auf dem Berg – über Löcher und Hecken, wo nur Kühnheit und Leichtsinn sich hinwagen, und nicht eine menschliche Erscheinung in der Weite umher; – so recht allein und laut hallend kann ich mit ihr sprechen, es hört's keiner, und jetzt, wo ich bekannt schon bin, nickt jeder Strauch mich freundlich an mit den paar braunen Blättern, die ihm der Winterwind noch nicht genommen hat, wenn ich wiederkomm und setz mich neben ihn auf die Mauer und schwindelt mir nicht; ach, welch Vergnügen zu klettern, wie entzückend die kecke Jugend! – wenn ich auch manchmal mit geschundnem Knie, wie heut, oder aufgerißnem Arm heimkomm, das fühl ich gar nicht, ja, wenn mir recht ist, freut's mich gar! – Werd hart, sagte der Schmied im Wald und schlug das glühende Eisen auf dem Amboß; das hörte der Thüringer Landgraf und ward hart wie Eisen. – Werd hart, rief ich heut auf der gefährlichen Mauer, von der ich hinabglitt, weil ich nicht anders hinunterkommen konnte, und da hat mir's auch gar nicht weh getan. Werd hart, sagt ich, wie ich zur Meline ins Zimmer eintrat, die gar erschrecken wollt, als sie die Blutspuren an meinen Kleidern sah; ich mußte leiden, daß sie mich ein bißchen heilte mit beaume de chiron; du wirst noch Hals und Bein brechen, prophezeite sie, wo jetzt so viel glatte Stellen am Berg sind vom schmelzenden Schnee. Ich schrieb's hierher, wenn's geschieht, so hat sie richtig prophezeit. Aber gewiß, solche Übungen, die einem die Natur lehrt, sind Vorbereitungen für die Seele, alles wird Instinkt, auch im Geist, er besinnt sich nicht, ob er soll oder nicht, es lehrt ihn das Gleichgewicht halten wie im Klettern und Springen, es entwickelt eine Kraft, die degagiert und detachiert; das heißt: das Sehnen nach einem Pfeiler, sich in der Welt anzulehnen, oder nach einem Stock, um weiterzukommen, wird einem lächerlich; bald merkt man, daß man auf ziemlichen Wegen recht gut allein gehen kann, und auf steilem Pfad läßt sich durch Übung große Freiheit erwerben. Ängstlichkeit und Unerfahrenheit verleiten doch nicht, nach dem ersten Strauch am Weg zu greifen, der durch Biegen und Brechen zum Verräter wird und dem Vertrauen den Hals bricht; und ich möcht wissen, ob der ganze innere Mensch nicht deutlich und kräftig hervorgehen könnt aus dem äußern und ob >auf dem Seil tanzen< nicht eine höhere diplomatische Kunstanlage entwickeln könnt wie all der Wust von Intrigengeist und Korrespondenz voll Leerheit und Observanzen, voll Kleinlichkeit – oder >mit Anmut auf dem Eis Schlittschuhlaufen<, ob das nicht lehren könnt, ohne Selbstverletzung eigner Würde, zwischen allen Verkehrtheiten mit leichter Grazie sich durchwinden; und ob ein wildes Roß bändigen, mit Kälte und Ruhe, nicht auch die Kraft in der Seele weckt, den eignen Zorn zu bändigen und mit Gelassenheit das Gute aus dem Bösen entwickeln in andern und zur Selbstbeherrschung in der Gefahr; oder auch eine rasche Flamme der Selbstbesonnenheit, mit der wir einen Entschluß fassen und freudig begrüßen das Höhere, sei's auch aus unmündigem Geist ersproßt; und nicht fort und fort die alte Schlangenhaut anbeten, die der Götterjüngling, der Genius, der über den Zeiten schwebt, längst von sich schleuderte. – Ja ob überhaupt dies freie Bewegen in der Natur, dies Üben aller Kräfte in ihren Reizungen, so wie es die Glieder ausbildet und stärkt, nicht auch die inneren Seelenkräfte stärkt, daß sie zu hoch, zu edel für diese erbärmliche Weltschule, der Schere entwachsen, die nicht mehr hinanreicht, um sie zurechtzustutzen, daß sie das Kleinliche nicht mehr ertragen, sondern übern Haufen stürzen. Ebenso wie ich in der einsamen Natur keinen frage, soll oder soll ich nicht da hinüberspringen, sondern mich auf den eignen Trieb verlasse; sollte eine innere Kraft nicht auch für den Geist gut sagen? – Und bedürfen oder suchen wir vielleicht nur deswegen Rat, weil wir furchtsam sind? – Kommt's uns zu fabelhaft vor, daß der Geist, inmitten unserer, aufsteigen könnte, der uns die Weisheit des Himmels kundtue? – nun, was vermag uns denn, lieber der unserem Instinkt fremden Macht des alten Vorurteils uns zu unterwerfen, als jenes Instinktes jungem Keim nur so viel Luft und Licht zu lassen, daß er aufblühen könne? – Der höhere Geist kann nur aus sich selbst erzeugen, denn der mächtige Trieb der Entwicklung in uns ist gerade nur, was uns der Entwicklung bedürftig macht, und also ist jedes freie Geistesregen schon ein Vorrücken des Keims, also: den innern Geist walten lassen und keinen fremden, ist, was ihn erzeugt. – Und wär's nicht tausendmal besser, wir fehlen aus eignem Irren als auf fremden Rat? – Wenn einer in die Heimat will und läuft über die Grenze, um nach dem Eingang zum eignen Haus zu fragen? – wie ist das? – werden da nicht die heiligen Kräfte, deren Gesamtmacht wir Gewissen nennen, im Keim erstickt; wird da nicht aller Ahnungstrieb stocken, des Geistes Spürkraft absterben? – Und wenn ich die eigne Stimme schweigen heiß und einer fremden folge, dann bin ich nicht mehr in eigner Macht und muß mir's aufbürden lassen, daß ich aus Rücksichten mein besseres Selbst verwerfe. Hör! wenn ich eine schwierige Aufgabe im Leben hätte, ich würde nicht zu erfahrnen Weltleuten gehen, die zu fragen, nicht zu solchen, die es verstehen, mit dem irdischen Leben einen Handel abzuschließen, nicht zu denen, die das Recht der Welt handhaben, ich würde die Unmündigen fragen; ich würde denken, die Kinder haben die himmlische Weisheit, zu der wir müssen zurückkommen, wenn wir das Rechte tun wollen, was eigentlich unser Teil am Himmelreich ist, denn wir bauen selbst den Himmel durch unser edles freies Tun, sonst kommt er nicht zur Welt; aber es ist Verwirrung in aller Sprache, jeder will das andere, und keiner versteht den andern, und drum kann die innere Stimme allein die Sprache des Rechts wieder lehren; oh, wer sie sprechen läßt, der tut Großes und bleibt dennoch einfache Natur, denn Natur ist groß, und der Mensch soll groß werden; wächst er am Leib und breitet seinen Stamm aus, so soll er auch am Geist wachsen und seinen Stamm ausbreiten. Und wie in der sinnlichen Natur Nahrung, Pflege, Wachstum, Sicherung aus dem eignen Organismus sich hervorbildet, warum nicht im Geist? Was ist Geistesleben als sein Entstehen durch sein Erzeugen? – und was lassen wir weniger zu, als daß er sich frei bewege, und das geht schon so von Ewigkeit zu Ewigkeit, daß er uns mit den unwürdigen Ketten in den Ohren klirrt, und wir fürchten uns vor diesem Klirren und halten die Ohren zu, und ein reines Hervortreten des Geistes würde die Welt umstürzen, ja! aber wie himmlisch würde sie aus ihren eignen Trümmern aufblühen! – Ist Furcht nicht ein böser Dämon? – Furcht vor dem Irren ist Menschenfurcht; horchten wir auf die Kinderstimme in der Brust, dann würde die Furcht vergehen – ist Irren Irrtum? – kann's nicht bloß freies Wandeln sein? – Versuch, in einer urteilüberschwingenden Sphäre sich zu bewegen? – ist Urteil nicht ein Schlachtmesser, mit dem wir die neugeborne Geistesfrucht im Leib des Irrtums töten? – hat's einer so weit gebracht im Geist, daß er wie der kühne Gemsjäger ohne Schwindel über die Spalten und Schluchten setze, mit treffendem Sprung mit Leidenschaft das Wild ereilend? – Was ist doch Leidenschaft? – ist es nicht jene ungeübte Kraft, die sinnlich ausbricht und sich üben will! – sei's die Spur der Gemse, die der Jäger verfolgt, wenn nicht jener weißen Hindin mit goldnem Geweih, die lockend tausend Umwege macht, ihn ins Dickicht zu leiten, wo im Eingang von Labyrinthen rätselhafte Mächte ihn ergreifen, die sein Aug berühren und sein Ohr, daß er begreife, was nur unschuldvoller, kühner, sich selbst regender Geist ahnen und fassen kann. Ach, könnt ich nur ins Tirol reisen, um meinen Geist frei zu machen auf der Gemsjagd, dann würd ich gewiß mir selbst genug sein, und das Große, zu dem mein Geist Anlag haben könnt, sollte nicht zugrund gehen, es sollte recht, nach allen Seiten, hin mächtig sich zeigen. –

Der Molitor hat mir einen Erziehungsplan geschickt von Herrn Engelmann, weil ich so gern mit ihm in die Musterschule ging, muß er glauben, Erziehung interessiere mich überhaupt; das war aber nur wegen der armen Judenkinder, die dort mit den Christen zusammen ihr kleines Fleckchen Anteil an menschlicher Behandlung hatten, und wenn ich sagen soll, so schien mir dies eine Alleinerziehung; nämlich: Kinder gleichen Alters, gleicher Fähigkeiten früh dran zu gewöhnen, daß sie auch gleiche menschliche Rechte haben, sie mögen Juden oder Christen sein; sei also so gut und mache den Molitor mit dem bekannt, was ich hier über meine eigne Erziehung sage, daß ich's mit Klettern zu zwingen suche, mich vor bösen Fallstricken zu bewahren, die meinen Geist darniederwerfen, um ihn nachher zu knebeln; daß aber die >Gedanken über Erziehung und Unterricht, besonders der Töchter< von Engelmann mir nicht einleuchten, da die beste Erziehung die ist, wenn er sie Gott anheimstellt, so sind 90 Karolin zu viel. – Hier lege ich Dir ein Blatt ein, das gib dem Molitor und sag ihm beiläufig, ich zähle es zu den Philistertorturen, einen mit so was zu behelligen, Leute, die solche Erziehungspläne aushecken, mögen ihre eigne Verkehrtheit dransetzen, sie zu beurteilen, sie würden sich von mir nicht bedeuten lassen, sie würden schreien, ich schütte das Kind mitsamt dem Bade aus, und das tu ich auch, denn das Kind ist ein garstiger Moppel und soll nicht im Bad sitzen wie ein Menschenkind. – Es tut mir ordentlich leid, daß ich hierüber hab an ihn schreiben müssen, ich mag nicht meine Feder mit philisterhaftem Zeug besudeln, es ist mir Sünde, ich hab's diesmal nur aus Gutmütigkeit getan, aber ich schreib nichts wieder, tu mir den Gefallen und sag's ihm, er soll mich ungeschoren lassen mit allem, was schon da ist und was noch kommen wird, aber die Sulamith soll er schicken, sooft sie herauskommt, wenn's auch ungefüges Zeug ist; ich muß alles wissen über die Juden, wenn ich nach Frankfurt zurückkomm, der Primas liest's auch. Für den Primas will ich Dir einen Auftrag geben, richt ihn ja pünktlich aus, ich hab an die Großmama geschrieben, daß sie an Dich die ›Drusen-Weihe‹ zurückschicke, packe beiliegenden Brief an den Primas dazu und schicke es an den Weihbischof ins Taxische Haus, mache eine doppelte Adresse, die oberste an den Weihbischof, der wird's ihm zurückgeben oder nach-schicken, wenn er in Aschaffenburg ist, verschieb's nicht.

Bettine

Ich hab unwillkürlich meinem Brief da mit Aufträgen ein End gemacht und wollte Dir noch so viel anders sagen über Moose und über Pflanzen, die ich im Wald gefunden hab, reine architektonische Figuren. Sind Worte nicht einzelne architektonische Teile? sind sie nicht symmetrisch zu ord-nen im Gedanken? – Ein Wort ist immer schön an sich, aber Gedanken sind nicht schön, wenn die schönen Worte nicht in einer heiligen Ord-nung ihn aussprechen; es gibt aber eine gewisse romantische Unordnung oder vielmehr Zufallsordnung, die so was Lockendes, ja ganz Hinreißen-des hat in der Natur; die einen so mit Lust und Lieb durchdringt, daß sie allen Luxus und alle Erhabenheit weit überwiegt in ihrer Verwandtschaft mit der Seele; so hab ich mir immer gedacht, wenn in Feenmärchen über Nacht ein prächtiger goldner Palast entstand gegenüber der Hütte von zwei Bettelkindern, wie traurig es sei, daß die nun die Mooshütte verlas-sen müßten, um in den stolzen Palast zu ziehen, und dann war mir bang, er könne die Gegend verstecken, und nichts deucht mir schöner, als wenn die Natur ihre Launen zärtlich durchflechten kann, wo der Mensch etwas einrichtet; sollte das nicht im Gefühl, im Gedanken auch sein? – sollte Poesie nicht so vertraut mit der Natur sein wie mit der Schwester und ihr auch einen Teil der Sorge überlassen dürfen? – so daß sie manchmal ihre geheiligten Gesetze ganz aufgäb aus Liebe zur Natur und alle sittli-chen Fesseln sprengt und ihr sich in die Arme stürzt voll heißem Drang, ungehindert nur an ihrer Brust zu atmen. Ich weiß wohl, daß die Form der schöne, untadelhafte Leib ist der Poesie, in welchen der Menschengeist sie erzeugt; aber sollte es denn nicht auch eine unmittelbare Offenbarung der Poesie geben, die vielleicht tiefer, schauerlicher ins Mark eindringt ohne feste Grenzen der Form? – die da schneller und natürlicher in den Geist eingreift, vielleicht auch bewußtloser, aber schaffend, erzeugend, wieder eine Geistesnatur? – Gibt's nicht einen Moment in der Poesie, wo der Geist sich vergißt und dahinwallt wie der Quell, dem der Fels sich auftut? daß der nun hinströmt im Bett der Empfindung voll Jugendbrausen, voll Lichtdurchdrungenheit, voll Lustatmen und heißer Lieb und beglückter Lieb; alles aus innerer Lebendigkeit, womit die Natur ihn durchdringt? –

In Deinen Gedichten weht mich die stille Säulenordnung an, mir deucht eine weite Ebne; an dem fernen Horizont rundum heben sich leise, wie Wellen auf dem beruhigten Meer, die Berglinien, senken und heben sich wie der Atem durch die Brust fliegt eines Beschauenden; alles ist stille Feier dieses heiligen Ebenmaßes, die Leidenschaften, wie Libationen von der reinen Priesterin den Göttern in die Flammen des Herdes gegossen, und leise lodern sie auf – wie stilles Gebet in Deiner Poesie, so ist Hingebung und Liebesglück ein sanfter Wiesenschmelz tauchter Knospen, die auf weitem Plan sich auftuen dem Sternenlicht und den glänzenden Lüften, und kaum, daß sie sich erheben an des Sprachbaus schlanker Säule, kaum, daß die Rose ihren Purpur spiegelt im Marmorglanz heiliger Form, der sie sich anschmiegt; so – verschleiernd der Welt Bedeutung und geheime Gewalt, die in der Tiefe Dir quellen – durchwandelt ein leiser, schleierwehender Geist jene Gefilde, die im Bereich der Poesie Du Dir abgrenzest. – So ist mir immer, wenn ich mich erkühne, aus meinem kindischen Treiben hinaufzuschauen nach dem Deinen, als säh ich eine geschmückte Braut, deren priesterliche Gewande nicht verraten, daß sie Braut ist, und deren Antlitz nicht entscheidet, ob ihr wohl ist oder weh vor Seligkeit. – Mir aber liegt ein Schmerz in der Seele, den ich oft unterdrückte in deiner Gegenwart, und was mir schwer war; aber eine geheime Sehnsucht, Dich Dir selber zu entführen, Dich Dir selber vergessen zu machen, nur einmal jene Säulengänge, vor denen die Myrte schüchtern erblüht, zu verlassen und in meiner Waldhütte einzukehren, auf ihrer Schwelle am Boden sitzend in meines Gartens blühenden Kelchen, von den Tauben zärtlich umflattert, die unter mein Dach heimkehren am Abend und da mehr zu Haus sind, mehr Wirtschaft machen als

Freundschaft und Liebe der Menschen, denn sie behaupten ihr Vorrecht, alle Gedanken zu übertönen mit ihrem Gegurre. Ja, so erschien ich mir im Geist gegen Dir über, Du, mein liebstes Gut! – so seh ich Dich dahinwandeln, am Hain vorüber, wo ich heimatlich bin; nicht anders als ein Sperling, vom dichten Laub versteckt, den Schwan einsam rudern sieht auf ruhigen Wassern, und sieht heimlich, wie er den Hals beugt, mit reiner Flut sich überspülend, und wie er Kreise zieht, heilige Zeichen seiner Absonderung von dem Unreinen, Ungemeßnen, Ungeistigen! und diese stille Hieroglyphen sind Deine Gedichte, die bald in den Wellen der Zeiten einschmelzen, aber es ist segenwallender Geist, der sie durchgeistigt, und es wird einst Tau niederregnen, der aufstieg von Deinem Geist. Ja, ich seh Dich, Schwan, ruhig Zwiesprache haltend mit den flüsternden Schilfen am Gestade und dem lauen Wind Deine ahnungsvolle Seufzer hingebend und ihnen nachsehend, wie er hinzieht weit, weit über den Wassern – und kein Bote kommt zurück, ob er je landete. Aber keinen Geist tragen die Schwingen so hoch, daß er die Weite erfasse mit einem Feuerblick, es sei denn, er fache das heilige Schöpfungsfeuer mit seinem Atem an; und so werden Flammen aufsteigen, bewegt vom Gesetz Deines Hauchs, aus Deiner Seele und zünden im Herzen jugendlicher Geschlechter, die, knabenhaft männlich sich deuchtend, nimmer es ahnen, daß der Jünglingshauch, der ihre Brust erglüht, niemals erstieg aus Männergeist. – Was denk ich doch? – Der Geist atmet, denk ich? – – ihn nähren die Elemente, er trinkt die Luft, dies feine Beben und Treiben in ihr. Auch in und unter der Erde zeugen Gesetze, sittliche und bürgerliche, der Natur. – Die Luft vermählt sich mit der Erde als Geist mit dem Wort; und daß des Windes Brausen, der Fluten Stürzen Lebensmelodien aussprechen und daß jedes Wesen in sich, auch jede Liebe, jede Sehnsucht und jede Befriedigung in sich trage und die Flamme die Pforte sprenge zu ewiger Verjüngung, das denk ich. – Dir mehr wie jedem gehört der goldne Friede, daß Du geschieden seist von aller Störung jener Mächte, die Dich bilden; und drum mein ich als, ich müsse Dich einschließen und Wächter vor Dir sein, und daß ich nächtlich möcht an Dein Lager treten und gesammelten Tau auf Deine Stirne tröpfeln – ich weiß nicht, was Du bist, es schwankt in mir, aber wo ich einsam gehe in der Natur, da ist es immer, als suche ich Dich, und wo ich ausruhe, da gedenk ich Deiner. – Es ist eine alte Warte hier am Ende des Berggartens, eine zerbrochne Leiter inwendig, die keiner zu ersteigen wagt, führt da hinauf, ich kann mich aber hinauf schwingen mit einigen Kunstsprüngen, da bin ich also ganz allein und sehe wie weit? – aber ich sehe nicht, ich trage mich hin, wo's in der Ferne nur nebelt und schwimmt, und fordere nicht Rechenschaft vom Auge, froh, daß ich allein bin und daß mein gehört, soweit ich mich fühle. Da oben bin ich mit Dir, da segne ich die Erde in Deinem Namen. Und leb wohl, bald schreib ich mehr und deutlicher, ich fühl in diesem Brief ein elektrisch Beben, wie wenn ein Gewitter sich unter den Wogen hebt, und doch weiß Jupiter Tonans noch nicht, ob er seinen Konsens dazu geben soll.

Bettine

An die Bettine

Meine Abwesenheit von Frankfurt hat gedauert bis im Anfang dieser Woche, ich dachte sicher, Briefe von Dir zu finden, und bin etwas besorgt, doch sagt mir ein geheimer Geist, Du wirst nächstens in Fluten angeströmt kommen und mich wegschwemmen. Mein Aufenthalt in Heidelberg war angenehm und lehrreich, welches letztere Du wirst nicht gelten lassen, wenn ich Dir aber sag, es waren die alten Mauern und nicht die Menschen, die ihren Geist über mich ergehen ließen, da wirst Du gleich gläubig sein. Du hast bei Deiner Abreise Ostertags schlechte Übersetzung des Suetonius in meine Behausung geschickt, vermutlich soll sie auf die Bibliothek zurück, noch in keinem Buch fand ich so viel Spuren Deines fleißigen Studiums als in diesem; vier bis fünf Blätter mit Auszügen, wo Du alle Missetaten der zwölf Kaiser auf eine Rechnung gebracht hast. Was bewegt Dich zu solchen Dir sonst ganz fremden Forschungen? ich such mir's zu erläutern, denkst Du in Ansehung jener, die als große Männer nicht frei ausgingen von der Tyrannei Sünde, Deinen großen Mann zu absolvieren? – Ich scherze, aber ich möchte doch dabei in Dein Gesicht sehen, ob Du ganz frei von jener Begeisterung bist, die aus aufgeregtem Gefühl entsteht bei dem ewigen Gelingen aller Schicksalslösungen und die ich lieber Schwindel nennen möchte und den andere Weltpatriotismus nennen und sich leicht verführen lassen, eine Rolle zu spielen, wenn sie ihnen geboten würde, weil es heißt, er hat einen Glücksstern, und da fühlt man sich gedrungen, dem zu frönen aus astralischem Emanationsgefühl, und da tritt man bald von der reinen Einfalt zum Götzendienst über. – Aber ich will Deinen Zorn nicht auf mich laden, sondern Dir offenherzig sagen, woher mir die bösen Gedanken kommen. Sie kommen nicht aus mir, die Leute sagen nämlich, Dich habe alles so aufgeregt, als der Kaiser durchkam, und Du habest geweint und seist ganz außer Dir gewesen, als Du ihn gesehen hattest, das hat die Claudine mir gesagt; ist's wahr, so braucht doch das nicht wahr zu sein, daß Du von ihm hingerissen bist, denn man kann erschüttert werden ohne Begeisterung für das, was uns erschüttert, mehr will ich Dich nicht mit diesen mißlichen Worten peinigen, die nur Scherz sein sollen und auch Dich ein wenig strafen, daß Deine Briefe sich verspäten.

Von Offenbach ist mir ein Pack Schriften zugekommen für Dich, die Novelle wahrscheinlich – soll ich sie Dir aufbewahren oder zurückschicken? – Von Clemens hab ich Dir auch noch viel zu sagen, Gutes und Vergnügliches, heiße Anhänglichkeit an Dein Wohl; – es ist sein tiefer Ernst, wenn er sagt, Du gehest durch Deinen Leichtsinn der Zukunft verloren, und dieser Ernst gehet so weit, daß er im Eifer meint, ich sei mit dran schuld. Einen Brief hast Du ihm geschrieben, wo Du meine Ansicht über Dich als Zeugnis zitierst, daß es nicht in Deinem Charakter liege, zu dichten oder vielmehr etwas hervorzubringen. Dies hab ich büßen müssen, denn er zeigte mir Deinen Brief und meinte, wer so schreibe, der dichte auch, ich hab schweigsam und bejahend alles über mich ergehen lassen; tue, wie Du kannst. Dort in Marburg hast Du wahrscheinlich Zerstreuung, wer weiß, was Dir gelingt oder vielmehr einfällt, denn fiel es Dir ein, so fiel es Dir auch vom Himmel, aber dies schon so lang erharrte Phänomen will immer nicht sich ereignen. – Ich bitte Dich, schreibe bald, daß ich wieder ins Geleis Deiner Ereignisse und Erfahrungen komme; es ist mir ganz tot hier, meine Augen hindern mich sehr am Schreiben.

Karoline


An die Günderode

Lieber Widerhall, ich hab Dir was zu sagen von meiner schmerzlichen Langeweil, die ich bei allem empfinde, weil ich immer noch nichts von Dir weiß, ich mein, wann ich nicht rufe, so mußt Du rufen, aber nein, Du bist der Widerhall, und ich darf nun nicht eher hoffen, als bis mein Rufen bei Dir angeschlagen hat. Gestern hab ich meinen Brief zugemacht, dem Bedienten mit auf die Post gegeben und siehe, er brachte ihn mit einem großen Paket angekommener Briefe wieder zurück, in der Meinung, ihn dort für mich empfangen zu haben, jetzt ging er erst heute um vier Uhr ab, dies Verzögern, dies Vor-mir-Liegen meines Briefes, dem ich Flügel angewünscht hätte und den ich gewohnt bin, nie eher zuzumachen, als bis er die Reise antritt, war mir sehr unheimlich, ich bin so gedächtnislos, daß wenn ich den Brief schließe, ich schon nicht mehr weiß, was er enthält; und nur ein Nachgefühl läßt mir die Ahnung zurück, wie er Dich berühren werde; aber bald fang ich an zu zweifeln, ob's nicht lauter Einbildung sei, daß ich mir denke, Dir tiefe innere Anschauungen mitgeteilt zu haben, und so fühl ich ermattende Zweifel, und ich denk, was soll doch das dicke Briefpaket, da kann doch unmöglich lauter Klugheit drin stehen, wo soll ich's her haben, ist's doch so leer mir im Kopf! – und dann tut mir's so leid, daß ich Dir nicht meine Seele konnt hingeben, nackt und bloß, wie sie Gott zu sich aufnimmt, daß ich statt ihrer Dir einen Schwall von Worten schickte, die suchen und suchen, Dir eine Flamme aus den Wassern dieses bodenlosen Ozeans, in dem wir alle schwimmen, entgegenzuhauchen; da möcht ich den Brief aufbrechen und nur einen Augenblick wahrnehmen, daß ich's Herz auf der Zunge hatte und doch kommt er mir so versiegelt vor, als sei er Dein Eigentum schon, was mich nichts mehr angeht, weil's immer Gott gleich von mir nimmt, sobald ich's in der Glut meines Angesichts hingeschrieben hab. Ja es ist ein paarmal geschehen, daß ich einen Brief von mir bei Dir gefunden hab, so war er mir ganz fremd, und die Worte und Gedanken wunderten mich recht. Heute hab ich also Deinen Brief unverletzt entlassen aus wahrer Pietät, weil er Dein gehört und weil ich mich nicht in die Geheimnisse eindringen will, die Gott Dir durch meine Hand vertraut, denn sonst würde er nicht so schnell das Gedächtnis von mir nehmen, um so mehr kannst Du an das drin glauben, was vielleicht Dich berührt.

Christian, der mir nach Frankfurt so ernste und liebende Briefe geschrieben hatte, vor denen ich mich oft schämte, weil sie viel höhere Kräfte mir zutrauten und wecken sollten, als je erwachen werden, der geht hier um mich herum und betastet mein Ingenium und entdeckt, daß die Fundgruben des Genies zum Teil leer sind und die Felder des Wissens steinichter Acker und das Licht der Begeistrung lauter Nebel, doch verläßt er mich nicht und sorgt für Lehrer. Der Schäfer sollte Geschichte mit mir treiben, da er aber sehr ernst und gründlich ist und durchaus will, daß der freie, aufgeweckte Mensch mit vollem Interesse dabei sei, so konnte er's nicht mit mir aushalten, es ging gegen sein Gewissen, er hat dem Christian bedeutet, es sei besser, mich auf andre Weise zu beschäftigen; da ich eine nervenangreifende Empfindung habe, wenn ich Zahlen wahrnehmen soll, wenn ich das Frühere vom Späteren unterscheiden soll, wenn ich Namen behalten soll, so sei es nicht möglich, bei gutem Gewissen mir Zeit und Geld zu rauben. Es tut mir leid, daß auch der mit Blindheit geschlagen ist über mich und von der närrischen Idee besessen, ich lerne, um was zu wissen, um Kenntnis zu sammeln; Gott bewahr, da könnte ich nur innerlichen Raum mit Dingen ausfüllen, die mir im Weg sind, wenn sich ein Reisender viel Besitztum anschafft, so hat er erst die Not, alles unterzubringen, und hat er sich an Überflüssiges gewöhnt, so muß er einen Bagagewagen hinter sich dreinfahren haben. Den Mantel umgeschwungen und damit zum Fenster hinaus und alles Gerümpel dahintengelassen, das ist meine Sinnesart, lernen will ich, wie Luft trinken – Geist einatmen, wodurch ich lebe, den ich aber auch wieder ausatme, und nicht einen Geistballast in mich schlucken, an dem ich ersticken müßt. Das will mir aber keiner zugeben, daß solche Unvernunft naturgemäß sei. Ich würde am End freilich nichts wissen, was ich ihnen gern zugebe, aber ich würde wissend sein, was die mir nicht zugestehen – aber durchgeistigt sein von des Wissens flüchtigem Salz, einen Hauch der Belebung durch es empfinden, einen Kuß, wenn Du's erlaubst, einen flüchtigen – dem ich eine Weile noch nachfühle, der in mir sich verwirklicht, verewigt.

Wissen und wissend sein ist zweierlei, erstes ist eine Selbständigkeit gewinnen in der Kenntnis, eine Persönlichkeit werden durch sie. Ein Mathematiker, ein Geschichtsforscher, ein Gesetzlehrer – gehört alles in die versteinert Welt, ist Philistertum in einem gewissen tieferen Sinn. Wissend sein ist gedeihend sein im gesunden Boden des Geistes, wo der Geist zum Blühen kommt. Da braucht's kein Behalten, da braucht's keine Absonderung der Phantasie von der Wirklichkeit, die Begierde des Wissens selbst scheint mir da nur wie der Kuß der Seele mit dem Geist; zärtliches Berühren mit der Wahrheit, energisch belebt werden davon wie Liebende von der Geliebten, von der Natur. – Die Natur ist die Geliebte der Sinne, die Geistesnatur muß die Geliebte des Geistes sein; durch fortwährendes Leben mit ihr, durch ihr Genießen geht der Geist in sie über oder sie in ihn, aber er führt kein Register über alles, er buchstabiert sich's nicht und rechnet's nicht zusammen. Nun, was liegt mir dran? – solang mir's so geht wie hier, kann ich nicht klagen, ich schwindel wie ein Bienchen herum, und wo ich ein offnes Kelchelchen find, da schwipp ich hinein und versuch und trink mich satt, wenn mir's schmeckt. Der alt Professor Weiß, bei dem wir im Haus wohnen, ist so ein kleiner Hausgarten, an dem mir allerlei Blüten noch offenstehen. Der gute Alte klopft an die Tür, da steht er mit der Zipfelmütze im Schlafrock und will gern seine Pfeife anzünden, weil bei ihm noch kein Licht brennt, ich spazier noch ein bißchen mit in den Garten, wo er die Pfeife raucht, er zeigt mir die Sternbilder am Himmel, der Orion, der Groß Bär und der Klein Bär, und pafft mir den Rauch ins Gesicht; so hat er mich die drei Wochen unterhalten, sooft gut Wetter war, von aller Planeten Tanz, und das hat grade mein Begehren, zu wissen, mäßig genährt; aber wissenschaftlicher Ansatz ist's nicht geworden, vielmehr Schleierlüften von geheimen Reizen des Geistigen. Und ich hab dann am Abend und in der Nacht noch Gedanken gehabt, Nachzügler – worüber ich beseligt einschlief. Weißt Du, was das ist, beseligt einschlafen? – das ist grad mit der Natur im süßesten Alleinsein sich befinden, wo sie allein den Blick auf Dich richtet und in Dich hineinschaut und Du in sie und eine Decke Euch umhüllt, wie zwei Kinder, die einer des andern Atem trinken. So ist's mit mir, wenn ich zufällig etwas von ihr gewahr werd; aber wenn's mir abgemessen wird, wenn ich Rechenschaft geben soll, dann fühl ich mich in der Seel beleidigt, denn ich mag nichts wissen, ich schäme mich und kränke mich, daß auf dem Spielplatz meiner Seele all das lustige, übermütige Springen und Schwingen nicht mehr sein soll, wo ohne Umsehens alles verfliegt, wie es gewonnen worden, und von keiner Aufspeicherung die Rede ist.

Da hab ich noch eine Lust – der alt Herr hat ein klein Treibhaus, eine Kammer mit zwei Fenstern, nach der Sonne hin, wo er selbsterzogne und Jahre lang gepflegte Gewächs bewahrt. Ich bin mit ihm gewesen und hab ihm helfen die Gewächse vom Staub reinigen, viele hab ich nicht gekannt, er sagte mir ihren Namen, ihr Vaterland, ihre Geschichte, wie er dazu gekommen, was er für Glück und Unglück mit ihrer Pflege gehabt, das alles ist lebendig und interessant, denn er ist alt und hat viel Kinder und also viel Sorgen und ist kränklich; und nun ist seine Freude aus der sogenannten Fülle dieses großen, weiten, wissenschaftlichen Lebens die paar südliche Pflanzen, die hier unter seiner Liebe Schutz ihr Leben im fremden Klima fristen, mit einer dürftigen Blüte ihn erfreuen; im Keim schon unterscheidet er, ob der Knospen bringen wird oder bloß Blätter, zählt alle, betrachtet alle Tage, wie sie vorrücken, da regt sich kein Blättchen, er sieht's und versteht's, Du solltest zuhören, wie er ihre Färbung, ihr Erschließen bemerkt, wie er ihnen das bißchen Licht ökonomisch austeilt, daß keins zu kurz kommt, und dabei geht als sein altes ledernes Kolleg, was er nun schon im einundzwanzigsten Jahr jährlich zweimal den Studenten vorträgt, mit herabhängenden Ohren den gewohnten Weg zur Mühle; ob ein gesunder Menschenverstand es aushält, dies immer und immer das Erlernte, Erstudierte durchzukauen? – Nein, einmal muß es aufhören, und einer möcht wohl lieber aufs ewige Leben verzichten, als ewig das Erlernte wieder den Nachkommen mitteilen; so muß man es denn einmal abdanken, nicht wahr! – sollte man den alten Satz mit in die Ewigkeit zu nehmen gedenken? mitnichten, sowenig wie den Tressenrock, die Staatsperück, die Ordensbänder, die Titel, die Ehrenämter; man fühlt recht gut, daß sich solches Zeug vor Gott nicht schickt, aber wie der Geist übereinstimme mit der Natur, die seine Freundin, seine Geliebte ist, wie er in ihr und durch sie sich entwickelt hat, das ist vor Gott alles. Wenn denn alles Wissen, Haben übergehen muß in Nichtwissen, Nichthaben, was hat's denn auf sich, daß ich gleich alles verdampfen lasse?

Wissen ist Handwerker sein, aber wissend sein, ist Wachstum der Seele, Leben des Geistes mit ihr in der Natur; Leben ist aber Liebe. – Sei nachsichtig gegen mich, ich muß Dir alles zurufen, lieber Widerhall, keine Sorge um mich, wenn Dir's nicht wie gesunder Menschenverstand vorkommt, man ahmt ja wohl den Vogel im Busch nach oder den Wind zum Vergnügen oder das Wild im Wald. – Der Weiß hat mir ein botanisch Buch gegeben, wie er sah, daß ich so viel Freud hab an Pflanzen, ich hab mir die Moose herausgesucht, weil man die unterm Schnee noch finden kann, ich hab eine Lupe, ich betrachte sie, ich entdeck eine Welt, alles läuft und stürmt durch wie durch einen Forst, es fehlt nur der Jagdhörnerschall, das Hundgebell und der Schuß; so könnt man denken, man wär auf einer königlichen Jagd; ich hab noch das Pläsier von oben herab, wie Gott vom Himmel da hineinzugehen; wenn ich's dem Weiß vorerzähl, wie mir alles vorkommt, das hört er an wie's Evangelium, es erquickt ihn, die Lügen und Fabeln meiner Einbildung zu hören, er sagt: »Wenn ich nicht im Pflug gehen müßt, so schwätz ich den ganzen Tag mit Ihnen.« – Das ist gut für mich, sonst wär mir's zu viel.

Samstag

Der gestrige Abend war ein gedulderprobender, es war wieder Dämmerungsstunde, erfüllt mit allerlei Gaben der Muse. Schäfer, der ein feiner und geistreicher Mann ist, hörte mir zu; Savigny ist gar liebenswürdig mit seinen Freunden und Bekannten, die höchste Güte leuchtet aus ihm, so befindet sich alles kindlich wohl und heiter um ihn her. Es wurden Gedichte vorgelesen vom Autor; dies ist schwierig für den Leser und für den Hörer, da sind zwei Fragen: wo kommen die Gedichte her, und wo wollen sie hin, die meisten behaupten ihre Abkunft aus dem Feuergeist der Liebe und behaupten ihr Recht, ins Herz einzukehren. – Ich saß in der Ecke und hörte ein lang Gedicht mit den Ohren, die Seele sehnte sich hinaus in den Schnee, in die sternenhallende Luft; die Sterne haben einen Ton, einen sprechenden Laut, der viel vernehmlichen ist in klarer Winternacht wie im Sommer; – vernehmlich nicht hörbar, wie denn alles in der Natur vernehmlich ist, wenn's auch die äußeren Sinne nicht gewahr werden. Ich dachte mich hinaus in alle Welt während dem Rollen auf der Versechaussee; meinem Nachbar mochte es wohl auch schwer auf dem Herzen liegen, denn er seufzte mehrmals und holte endlich sein Taschenbuch, worin er mit dem Bleistift was einkritzelte – ich nahm's ihm aus der Hand und probierte, Verse zu machen im Takt des Lesenden, das Gelesene schoß Worte zu, wie eine Fabrik, wo einer dem andern in die Hand arbeitet, und so setz ich Dir's der Kuriosität halber hin. Der Dichter las nämlich klagende Gespräche im Minneliederstil zwischen zwei Liebenden, die nicht zu Rande kommen können mit ihrer Sehnsucht, in Frühlings- und Sommerzeiten.

> *Es waren nicht des Maien wilde Blüten,*
> *Violen süß und Rosen überall,*
> *In grüner Lind die freie Nachtigall,*
> *Die mich vor Sehnsuchtschmerzen sollten hüten.*

> *Ich klage nicht die lichte Sommerzeiten,*
> *Den kühlen Abend nach dem heißen Tag; –*
> *Der meiner Träume Sinn verstehen mag,*
> *Der wolle ihnen Störung nicht bereiten.*

> *Nicht, daß sich bald das grüne Laub will neigen,*
> *In dem der Vöglein muntre Schar sich wiegt,*
> *Daß Sonnenschein und Blumenglanz verfliegt,*
> *Macht, daß mein Herz sich sehnt und meine Freuden schweigen.*

*Der rauhe Winter nicht, der alle Lust bezwinget,*
*Die lustgen Gauen überdeckt mit Schnee,*
*Mir seufzt die Langeweil im Herzen Ach und Weh,*
*Die mit dem Dichter stöhnt und in den Versen klinget.*

Montag

Nun kam gestern ein Brief von Clemente an mich mit feierlichen Mahnungen, doch mein Leben nicht zu verscherzen, so innig, so herzlich, als wär ich eine Blumenknospe, die auf seinem Stamm wüchse, und der Stamm treibt sorglich alle Kräfte dahin, daß sie sich auftue, aber die Knospe ist so fest, daß nicht Regen und nicht Sonnenschein sie weckt – was kann ich da? – Der Christian straft mich mit Worten, es sei kein Ernst in mir, und wenn ich wollte nach Italien reisen, so sollt ich Winckelmanns Kunstgeschichte studieren und Italienisch lernen, das hab ich probiert, aber die Kunstgeschicht, wie sollt ich mit der mich abgeben, wenn ich dran denk, daß ich nach Italien reisen sollt. Ei, laß doch alles mit Augen sehen, und wenn ich trunken bin vor Seligkeit, daß dort andre Bäume, andre Blumen und Früchte sind, wenn ein schönerer Himmel über mir wogt, wenn Menschen, Knaben, Jünglinge, die mir verwandter sind im Blut, in der Faulheit als die kalten deutschen, fleißigen Brotstudenten, mir begegnen auf der Straß, mich sanft grüßen, umkehren, mich noch einmal grüßen, feuriger – ei, werd ich da noch das geringste von Winckelmann, von der alten Geschichte wissen? Wenn rings die Schönheit der Erde aufwallt, da wär ich wohl der närrische Pedant dazu? – Mit Dir, Günderode, möcht ich Arm in Arm dahinschlendern, kommst du heut nicht, so kommst du morgen, alle Zeit füllt sich ja so himmlisch, was sollen wir sorgen, wo wir hinkommen? – Sturm und Gewitter schreibt in die Brust Unvergängliches wie der heitre Tag; jeder Weg führt zu geheimen Reizen der Natur, warum sollen wir nicht, wenn's uns lockt, folgen dem strebenden Herzen, den Gestalten, dem Glanz der Fluren – irren hier und dort herum, wie die Lämmer weiden – warum nach einem Plan das Schöne aufsuchen? – am End ist doch der Zufall, der Reichen großmütigster; warum nicht ihm anhängen? – läßt sich Gott nicht in ihm an innigsten mit der Seele ein? befriedigt am liebsten ihre geheimen Wünsche? Ich denk mich so oft mit Dir wandelnd, zum nächsten Tor hinaus, dem reizendsten Pfad entlang, der Clemens aber drängt mich an des Parnassus Stufen und will, ich soll hinauf, und so hab ich ihm geschrieben: >Am Dichten hindert mich mein Gewissen, wenn ich denk, wie viel reiner, tiefer Sinn dazu gehört, um so weniger kann ich mir's zutrauen; manchmal wandelt es mich freilich an, ich sehne mich danach, wie ein eingesperrtes Kind nach dem Spiel in freier Luft, auf grüner Wiese im Sonnenschein; ja es schmerzt mich tief, daß ich nicht kann, wie ich will, und daß alle Sprache, mit der ich mein Sinnen festzuhalten versuche, nur wie dürres Holz in der Glut meines Herzens zuammenbrennt; wie oft hatte ich Momente, deren feierliche Mahnung mich auf etwas Ernstes, Tiefes vorbereiteten, die Poesie schien mir dann ein reifer Schmetterling, der mit dem leisesten Regen die leichte Hülle sprengte und auf in die Lüfte steigend, in den mannigfaltigsten Blüten meiner Seele schwelgend. Dann fühlt ich wie ein göttlich Unsichtbares, dem ich geboren, ich war stolz, und wenn die Natur rings mich mit feurigem Blick anglühte, dann war ich spröder und verschlossen gegen die Feuerkraft, und doch hätt ich mein Herz dargereicht dem ersten kühnen Augenblick, der mir die Sprache gelöst hätt, in der meine Lieder geflossen wären. Doch all dies Leben, dies innere Beben und Aufrauschen ging vorüber, ohne etwas festzuhalten oder zu erzeugen, und wird vielleicht noch tausendfach in mir erscheinen – und keine Spuren zurücklassen.<

Das hab ich Dir abgeschrieben aus meinem Brief an ihn, weil's etwas Erlebtes ist, was sich mit unendlichen Modulationen mir im Geist wiederholt, ich hab Visionen, wenn ich die Augen zumache, ich seh nicht allein, ich hör auch entzückende Töne, wie wenn himmlische Empfindung zu Ton könnt werden; nun fehlt ja nur die eine Stufe, daß der Ton sich im Geist der Sprache übersetzte; aber in dies Inselland will's keine Brücke schlagen, im Gegenteil, alle Erscheinung zerfließt vor der Sprache. – Ich hab wohl einen dunklen Begriff, warum ich nicht dichte, weil eben das Tiefe, was mich gewaltig ergreift, so daß es elektrische Kraft auf die Sprache hätte, etwas ist, was sich in der Empfindungswelt nicht legitimiert, oder, um schneller und ohne Umweg mich auszudrücken, weil's Unsinn ist, was mir in der Seele wogt, weil's Unsinn ist, was meine Gedanken mir vorbeten, weil's Unsinn ist, der mich ahnend als höchstes Gesetz der Weisheit ergreift. – Wo ich hinsehe, wo ich hinspüre, darf ich nicht ankommen mit meinen Wahrnehmungen, ich weiß, daß, wenn der Dichterschwung mich ergriff, sich das Unendliche, das Ungeborne vor mir auftun würde, mich durchzulassen. – Ich seh! – und wenn ich was Wahres schaue, sei der Keim so klein noch, so in sich gedrängt, mich begeistert der ihm selbst bewußtlose Lichtweg, den er wandelt. – Du begeisterst mich, weil Dein einfaches Streben mir so deutliche Lehre gibt, Du seist der eignen Seele ewiger Wohllaut, der sie wiegt und schlummernd ihr die Gesetze der Harmonie einflößt. Ahnungen sollen dem Geistesblick Wahrheiten werden, soll eine Ahnung wirklich Dasein werden, so muß sich der Geist erst vermählen mit einem andern Geist – mit dem Genius – die Ahnung verwirklicht den Genius in uns. – Alles ist wirkliches Leben durch die Feier der Liebe mit dem Genius. – Alles verwirklicht sich durch Vermählung des höheren Lichts mit dem Geist – es strömt dem Geist herab, er darf's nur liebend wollen, es erfüllt ihn in tiefer Nacht gestaltlos, es strömt ihn an, es umschweift ihn ganz, oh, es ist kein zahmer Liebhaber, das Licht. – Und ist es ein Wunder, daß, wer ohne Grenze sich ihm ergibt, daß der dann sehe, wo andre nicht sehen? und sollt ich mich schämen vor Dir, die in manchen heiligen Augenblicken mir erschien, wie das Licht, zärtlich mit Strahlenkränzen sie umflocht, und krönte Dein Haupt mit doppelter Krone! – daß ich Dir sage, nicht die Sprache ist zwischen mir und dem Licht, nein, es ist das Licht unmittelbar, es nimmt meine Sinne auf – nicht durch die Sprache meinen Geist! – drum kann ich nicht dichten. Dichten ist nicht nah genug, es besinnt sich zu sehr auf sich selber. – Ach, da red ich so, wo wir ausgemacht haben, daß Du niemals drauf eingehest, damit ich nicht vor der Zeit unsinnig werde – schweig, und ich will auch schweigen, der Dämon möcht mich sonst durch die Lüfte davontragen. – Dem Clemente hab ich geschrieben, daß ich hier sehr vergnügt bin, nicht sowohl um Savignys willen, dessen Gegenwart freilich einem Aufenthalt alle Reize verleiht, sondern um der reinen Einsamkeit halber, in der ich von aller Kleinheit entfernt lebe, die mich in Frankfurt immer bedrängte und meine Freiheit schmälerte, wenn ich so sagen darf. Hier kann ich doch leichtsinnig sein, ohne daß die Inkonsequenzen davon mich gleich erschrecken, und ruhig und ernsthaft, ohne daß man glaubt, ich sei verliebt oder krank, und verliebt in Himmel und Erd, die einzig und allein schön hier sind, ohne daß man mich der Koketterie beschuldigt. Da kommt Dein Brief, Du gibst ihn der Claudine, daß die ihn beischließe, und die hat ihn grad noch zwei Tage liegenlassen, denn so lang hat sie an ihrem Brief geschrieben – und nun schließ ich diesen, in dem keine Antwort steht, aber gleich würde ich antworten, wenn nicht es so in mir rumorte, was Du schreibst, ich mein, dieser Brief von Dir ist nicht an Deinem Schreibtisch, der ist an fremdem

Tisch geschrieben, gewiß bei der Claudine. – Ich muß die Sonn untergehen lassen und mich besinnen auf morgen früh.

Bettine

Marburg. Dezember

Heut morgen bin ich aus dem Bett gesprungen, um das Eis mit meinem Hauch zu schmelzen. Um halb acht kamen die Studenten den Berg herauf gejubelt, es war noch dämmerig und der Nebel so dicht, daß sie wie Schatten bloß durchschimmerten. Die Meline und ich sehen jeden Morgen mit großem Gaudium, wie sie zu unserm Professor Weiß ins Kolleg marschieren – sie können uns nicht sehen, denn unsre Fenster sind hart gefroren, wir steigen auf den Tisch und hauchen an der obersten Scheibe ein Löchelchen ins Eis, wo grad ein Aug durchsehen kann; ein jeder hat ein verschiednes Abzeichen, treiben sich immer eine Viertelstunde herum, bis sie im Gang nach dem Kolleg verschwinden, den der Professor Weiß präzis acht Uhr aufschließt, indessen treiben sie lauter Übermut, wir dachten schon, daß sie vielleicht aus Ehren die großen Sätze machen von einer Trepp zur andern, einer über des andern Kopf weg, sie können uns zwar nicht sehen, weil die Fenster verhängt sind und jetzt auch gefroren, so leuchten ihnen doch unsre grünen Vorhänge ganz mystisch in die Augen, uns macht's tausend Spaß, die Liebschaft mit dem ganzen Kolleg ist im besten Gang, wir haben sie geteilt, die Meline sagt, der ist mein, und ich, der ist mein, so haben wir zwei Regimenter, und ihre Balgereien werden mit großer Freude und Triumph belacht, jede Partei hat einen Hauptmann, der eine mit der roten Mütze, die er nie auf dem Kopf hat, sondern immer auf einem dicken Stock (der Student nennt ihn Ziegenhainer) herumschwenkt, ist meiner, er ist immer der erste auf dem Platz, die andern versammeln sich um ihn und hören zu, was er sagt, er mag wohl das Haupt einer Burschenschaft sein; er ist so jung und schön, er ist der größte von allen, wenn er den Mund auftut, kommt eine große Duftwolke heraus, die setzt sich gleich als Reif an seinen kleinen Bart, mit dein er sehr großtut, denn er zieht ihn alle Augenblick durch die Finger. Wir nennen ihn den Blonden, er hat braunes Haar, er hat aber ein so blondsonnig Gesicht, das mit seinen roten Backen so freundlich durch den Morgennebel lacht, und dann hat er auch einen hellen Rock. Der Meline ihrer heißt der Braune, der ist ganz blond, aber er hat einen braunen Rock, dieser trägt eine blaue Mütze mit einer Quaste, die ihm auf der Nase herumspielt, er sitzt gelassen auf der Mauer und sieht zu, wenn die andern sich mit Schneeballen werfen, ringen, übereinander wegspringen, dazu ringelt er sich seine blonde, strahlende Phöbuslocke über die Finger; ich beneid ihn oft der Meline und wollt ihm mit einem Ansehnlichen aus meinem Regiment umtauschen, aber sie will ihn nur gegen meinen General, den Blonden, herausgeben, das will ich nicht. Früh ist's im Hof wie im Elysium, der dichte Nebel, von der Morgensonne angestrahlt, in dem die Gestalten sich bewegen, die allerlei miteinander hantieren. Wenn's Kolleg aus ist, sehen wir sie wieder abziehen, da ist ihr Übermut noch größer. Ach, hätt ich doch so ein Regiment, da wollt ich Dir schon antworten auf Deinen Brief mit Deinen unsinnigen Anklagen über den Napoleon. – Betet, und ihr werdet erhört werden. Ich bete ohne Unterlaß, daß mir doch Flügel wachsen, ich wollt über die Scharen wegfliegen und ihm in die Zügel fallen. Ach Günderode, Deine fatale Idee, als habe ich eine närrische Ehrfurcht vor dem Napoleon, peinigt mich, das Roß des Übermuts tobt unter ihm, er setzt in wildem Feuer über Abgründe und durchfliegt in stolzem Selbstgefühl die Ebne, um über neue zu setzen, dahin eilt er, an den Zeiten vorüber, die umgewandelt sich nicht mehr erkennen. Die Menschen schlafen ohne Ahnung vom Erwachen, aber unter seinem brausenden Huf reißen sie plötzlich die Augen auf, und seine Glorie blendet sie, daß sie sich selber nicht begreifen, ihr dumpfer Schlaf geht in Taumel über, sie umjauchzen ihn im Gefühl ihrer Trunkenheit.

In mir ist's wunderlich. Vor Menschen versink ich in mir selbst, vor denen fühl ich mich nicht, nur wenn ich durch den ersten Schlaf in der Nacht abgetrennt von allem wieder erwache, dann stellen sich große ungeheure Fragen vor meine Gedanken, es sind Fragen in mein Gewissen, vor dem ich verstummen muß. – Tugenden! – Was sind die? – Denk ich doch an die letzte Zeit mit den Emigranten bei der Großmama, es ging alles durcheinander, es war, als ob das Unglück vor der Tür geschehen sei, mit dem Tod des Enghiens, was für bittere Tränen vergoß der alte Choiseul mit dem Ducailas und dem Maupertuis, wie rangen sie die Hände und riefen zu Gott um diesen jammervollen Tod, meinst Du, das habe mir nicht einen tieferen Eindruck gemacht als alles glorreiche Durchbrausen der Welt? – meinst Du, ich könne je dem Unrechterliegenden mich lossagen und auch mir in Gedanken übergehen zu dem Unrecht, das vor der Welt recht behält, ich fühle, es liegt größere Freiheit darin, mit dem Unterdrückten die Ketten tragen und schmählich vergehen, als mit dem Unterdrücker sein Los teilen. Was ist mir Talent, das seine Bahn bezeichnet mit Friedensbruch, mit Meuchelmord? – ich würde selbst solche Bahn durchfliegen wollen? ja gewiß! – ich möchte hoch bauen, daß keiner mir nahen könnt, er müßte denn fliegen, aber nicht wie ein Raubvogel, der die Göttin Fortuna zerfleischt, um sich satt an ihr zu fressen, und sie dann als Aas liegenläßt; – aber durch heiligen Friedensschluß, nicht durch Verrat an ihm; durch Schutz der Kindlichen, nicht durch ihren Mord; durch freie, heilige, unantastbare Posaunenstimme der Wahrheit, nicht, daß ich ihr die Kehle zudrücke! – Dein Scherz erzürnt mich, ich wollte mir Gelassenheit erschreiben, aber ich muß durchglühen. – Der da! – eine schwindelnde Eingebildetheit, ohne Scham, ohne Gefühl? – den Gekrönte wie Ungekrönte wie Frösche umhüpfen, der von allen Schwächen hin- und hergezerrt, seine Abkunft verleugnet, sich um ein paar silberne Sterne im Wappen streitet, alle Franzosen wahnsinnig macht, der vergiftet, erdrosselt, erschießt, seiner Brüder Familienbande zerreißt, für den der Taumel des Volks sich erhält, weil ihm alle Frechheiten glücklich ablaufen, und dann meinst Du, >ich fühle eine Neigung zu diesem Treiben!< – >mein aufgeregt Gefühl gehe mit mir durch< – Du sagst alles im Scherz, es kränkt mich doch – aber der Scherz kommt nicht aus Dir. – Du scherzest wie ein tauchter Zweig, der mich anspritzt, wie das Morgenlüftchen, das mich neckt, aber nicht mit brandigen Hadern mich andampft. – So viel prophetische Gabe kannst Du mir zutrauen, daß es mir ahnend im Geist liegt, diese Strohflamme, so gewaltig sie um sich griff, so schneller wird sie verflackern; bald wird alles in Asche versunken sein – und Du machst mir's zum Vorwurf, daß ich mit des Ostertag schlechter Übersetzung mich so lang geplackt hab – weil ich wolle die großen Kaiserrollen studieren? freilich hab ich diese zwölf Kaiser mit Interesse studiert und hab gefunden, was ich vorher hätte sagen können, daß alle Tyrannen arglistige, kleinliche Naturen waren, sie gaben Befehle, wo ihre Bitten genügt hätten, der Fortgang ihrer Macht entwickelt sich aus des Pöbels Eitelkeit, überall war so viel Knechtsinn für Hofpracht, so viel Wahnsinn, die Seele diesem Götzen zu verschreiben, und wie denn alles Narrheit wird, so ergoß sich alles in die Quelle der Hoffart. – Das ist's, was ich in diesen zwölf Kaisern studierte, aber ich suchte nicht nach Ähnlichkeiten seiner Größe, sondern danach, ob nicht alle Tyrannen niederträchtig sind wie er? – ob nicht alle einen

Toussaint Louverture vergiftet, einen Pichegru erdrosselt und Enghien erschossen haben, ob nicht alle durch Hofetikette das Halfter der Sklaverei auch ihren nächsten Freunden umwarfen? – ob irgendeiner einen freien Atemzug um sich dulden konnte? und ob diese Sklaven nicht bloß ihr Joch duldeten, um wieder die geringeren unterdrücken zu können; und siehe, bis auf den kleinsten Zug ist es immer wieder derselbe ungerechte, eigennützige Heuchler, immer dasselbe Ungeheuer der Mittelmäßigkeit; kein Trieb zum wahren Geist, keine Sehnsucht, die Weisheit als Ägide seiner Handlungen aufzustellen, keinen Verstand von dem Pflanzenboden der Künste und Wissenschaft, noch wie der Mensch sich erzieht; sogar gegen alles Selbstgefühl, ohne innere Zucht fährt er mit ungesitteten Spottreden heraus, und da schreit alles, er hat einen Stern! – Ach, er kann nicht ewig leuchten, und da wird alles mit erlöschen.

Schreib nicht mehr so ungefüg, sonst kriegst Du ungefüge Briefe; ich ärgere mich über alles, was ich so schreib, weil's ist, als ob ich einen Prozeß mit Deiner gesunden Vernunft führe und allen Zeitungswitz und Emigrantenpolitik zusammenhielt, um recht gegen Dich zu behalten.

Jetzt muß ich auf die alte Wart, es ist Neumond, ich muß sehen, wie er seine stumme, verzauberte Silberwelt anstrahlt. Die Meline schläft schon, ich steig zum Schlafzimmerfenster hinaus auf den Berg. – Heut war Speisemahl bei Savigny, da erzählten die Professoren von der Spitzbubenbande, die schon mehrmals eingebrochen hat in unserer Nachbarschaft, die Spitzbuben könnten sich da oben auf der Wart verstecken – ich fürcht mich, aber grad weil ich mich fürcht, so muß ich hinauf. – Die Menschen fürchten sich auch vor der Unsterblichkeit.

Am Sonntag

Ich bin gestern noch droben gewesen; beim Aufsteigen große Angst vor nichts, oben himmlische, große Befreiungsluft – Stille – allumfassende – tiefschlummernd alles umher. – Ruhe und Freiheit winkten alle Sterne! – so einsam, so sicher! – so muß einem sein, der das Leben abgeschüttelt hat – unterwegs schreckten mich ein Kohlstrunk und ein krummer Ast, ich wußt, daß es nichts war, und fürchtete mich doch. So weiß der innerliche Mensch, daß alle Furcht nichtig ist, er muß das Reich der Einbildung durchkämpfen zur Wahrheit, die kann nicht fürchterlich sein, weil sie lebendig ist und frei und auch nur das Lebendige und Freie berührt, nicht den gebundnen Geist, der alles fürchtet, weil er es nicht faßt. Erkenntnis hebt jede Gegenmacht auf. Ich will Dir sagen, wie es ist beim Sterben, ich hab's auf der alten Warte gelernt. – Unten mit schwebender Angst hinaufgeklettert – die innerliche Wahrheitsstimme half mir die Einbildung, die so frech selbst mit Erscheinungen mich bedrängte, bezwingen, ein paarmal zagte ich zwischen Erd und Himmel auf der morschen Leiter, aber die Luft hauchte schon herab, so erhob ich mich plötzlich, und von allen Seiten atmete mich Freiheit an, so grad ist's beim Sterben; je weniger das Leben Licht erstritten hat, Geist geworden ist, je mehr scheut es den Geist, je mehr drängt sich am Lebensende die Einbildung ihm auf und beschränkt den Lichtkreis des Lebendigen, der Wahrheit. Der Mensch ist Sklave der Einbildung, die ihm sein Inneres leugnet, aber die göttliche Wahrheit haucht schon in den dunklen, baufälligen Turm zu ihm nieder, daß er die morschgewordne Leiter, die zur Freiheit führt, mit doppelter Kühnheit erschwingt, und unmöglich kann diese im finstern Turm mit dem Aufschwung ins Freie fortdauern, denn sie war Einbildung. – Man könnt vielleicht das, was ich vom Sterben sag, gering achten, weil's so einfältig ist und so fabelmäßig und vielleicht schon oft gesagt, ja, es war mir selbst nichts Neues, aber doch ist's was anderes, weil ich's erlebt hab und nicht bloß mit den äußeren Sinnen erfaßt, der freie Sternenhimmel hat mich's gelehrt, und ich war so vergnügt da bei der Sterbelektion, und ich werd noch mehr lernen da oben.

Am Dienstag

Heut hab ich Dir was Lustiges zu erzählen, es war Studentenkomödie, und wir waren drin, unter dem Schutz von einer großen Begleitung; das Stück war eine Selbsterfindung der Studenten, worin drei Duelle vorkamen von Schuß, Stich und Hieb; wie der Schuß vorkam, war der Meline schon nicht wohl zumut, wie der Stich vorkam, ward uns grün und blau vor den Augen, wie aber der Hieb kam, gab's ein Lärm und Gepolter, und man sprang übers Orchester hinüber, über die Öllampen weg, hinauf aufs Theater, die Öllampen gingen zum Teil aus, und aus der bisherigen Dämmerung entwickelte sich Finsternis; unsre Begleitung umstellte uns auf den Bänken und hielt uns in ihrer Mitte, um uns vor jedem Unfall zu schützen, bis wir wagen konnten, aus dieser Konfusion und dem Ölqualm herauszukommen, und auf freier Straße wieder Luft schöpften; die Verwirrung war daher entstanden, daß der Pedell dem Rektor, der inmitten des Saals auf einem Ehrensessel zusah, steckte, das

Duell mit dem Hieber sei ein wirkliches, er wollte es erlauscht haben, auch sah es sehr gefährlich aus in ihrer Studentenarmatur; der Rektor hielt für seine Pflicht, in grader Linie auf dies Wagnis loszuschreiten, er bahnte sich einen Weg durch die Mitte des Orchesters, wo die Baßgeige angelehnt war, vor dem Rektor umfiel und einen schauerlichen Ton von sich gab, die Gesellschaft schreckte auf, der Dekan und wie die hohen Universitätschargen alle heißen, drängten sich über alle Hindernisse weg, ihrem Rektor nach, wo denn den Pauken und Baß noch mancher unwillkürlicher Ton entlockt wurde. – Viel lautes Hin- und Herreden unter den Damen, die bald das Unglück verhüten, bald es nicht mit ansehen wollten, viel Gelächter unter den Studenten, die ihre Freude an der Verwirrung hatten, am interessantesten war die Szene auf dem Theater: Der Rektor mit Beistand uns en face ganz feierlich: ein Student, der eine Dame vorgestellt mit langer Schleppe und schon früher beim Stichduell die Hälfte davon verloren hatte, wendete jetzt, wahrscheinlich aus Mutwill, dem Publikum den Rücken, man sah große Kanonenstiefel, einen Hieber an der Seite, der die halbe Schleppe trug und einen großen Florschleier, der den Rücken hinabwallte und mit jeder Bewegung bald die paar Lampen zu erlöschen, bald sich zu entzünden drohte, so daß mehrere Stimmen riefen, der Schleier brennt. – Es war bald ausgemacht, alles sei nur blinder Lärm gewesen, indessen konnte das Stück nicht weiterspielen, die Lampen waren aus und die Honoratioren fort, eine Masse Straßengesindel hatte sich der Bänke bemächtigt, um zu sehen, was es gab. Am andern Morgen hörten wir von unserm Professor Weiß den Ausgang der Tragikomödie; es sei in Dubio geblieben, ob wirklich ein ernstlich Duell habe sein sollen, die Studenten haben es geleugnet, der Pedell aber beschworen, daß er ihre Unterredung auf dem Gang mit angehört habe und daß der eine, der die Dame vorstellte, der eine Sekundant und mein getreuer Hauptmann der andre sein sollen und daß sie vor der Tür ihre Klingen gemessen und daß er gehört habe, auf wieviel Gänge und wie sie ihre Halsbinden, ihre Stürmer und ihre Faustbinden besichtigt hätten. Die Studenten blieben dabei, sie hätten nur ihre Rollen repetiert, und das habe alles sollen auf dem Theater vorgestellt werden; es war nichts zu machen, man mußte sie laufenlassen, sie gaben dem Rektor ihr Ehrenwort, keine Händel anzufangen, hielten noch einen Kommers und jubelten bis spät in die Nacht. – Der Gang des Stücks hatte noch kein Licht auf seinen Inhalt geworfen, die eigentliche Pointe des Ereignisses war, daß sie die mangelnde Katastrophe desselben ersetzen wollten und daher in Gegenwart des Pedells, den sie nicht zu bemerken schienen und der sich hinter einen Schrank versteckt hatte, die ganze Geschichte ihm weismachten; sie hatten ihm schon früher Argwohn beigebracht und ließen so die ganze Versammlung mitspielen, die sich dabei auch höchlich amüsiert hatte, und gewiß hat sich jung und alt noch eine Weile von allem Komischen zu erzählen, was dabei vorfiel. Der Professor Weiß war entzückt über seine lieben Studenten, er sagte, man muß selbst Student gewesen sein, um ihnen nachzufühlen, welch Gaudium es ist, wenn so was gelingt; er blieb bei uns sitzen, wir erlaubten ihm, sein Pfeifchen zu rauchen, und er erzählte uns aus seinen Studentenjahren nichts wie dummes Zeug, was uns die Zeit sehr anmutig vertrieb. – Heut morgen, als die Studenten ins Kolleg kamen, konnten wir deutlich bemerken, daß sie noch ganz entzückt davon waren, das Lachen war heut ihr einzig Exerzitium, und wir beiden, wie zwei unsichtbare Schutzgöttinnen hinter den gefrornen Fenstern, freuten uns der heiteren Laune unserer Lieblinge.

Bettine

An die Bettine

Wenn du recht behalten willst, so hast Du gewiß recht, ich will auch nicht noch einmal wiederholen, daß ich scherzte, denn dies ist ja grade doppelte Sünde, weil der ganze Scherz sich nicht zwischen uns beiden eignet; Du kannst es von mir am wenigsten ertragen, daß ich falsch in die Saiten greife – es war ein Erdenscherz und kein luftiger, leichter, und es war noch dazu ein Notanker, ich war verwirrt geworden durch das Reisen hin und her, vom Rhein zum Neckar und dann zum alten Haushalt; da ist mir so manches verronnen, was mir lieb und leid ist, der Winter hat mich auch doppelt hier betroffen.

Clemens hat mir geschrieben. Wie ein böser Traum sind mir manche bittere und trübe Erinnerungen von ihm vorübergegangen, sein Brief hat mich betrübt, weil er mir die verworrnen Schmerzen seines Gemüts deutlich und doch wieder dunkel darstellt; auch wenn ich ihn nie gesehen hätte, würde mich dieser kalte Lebensüberdruß tief und schmerzlich bewegen. – Er stellt sich so an den Rand der Jugend, als habe sie ihn ausgestoßen, wie mich das schmerzt, wollte er es doch anders sein lassen, lieber die vergangne Zeit zurückrufen und fortleben ewig frisch, jung und träumerisch, wie er es gewiß könnte; es wird und muß wieder so mit ihm werden, und Du mußt ihm jetzt recht anhänglich schreiben, Dein freieres Bewegen, wo Du sonst so von ihm abzuhängen schienst, wird ihm wohl auch ungewohnt und empfindlich sein; Du kannst es nicht ändern, aber ersetze es ihm, Du schriebst ja immer nur kurze Briefe an ihn, aber schreib doch öfter. – Sein Beifall an meinen Gedichten erfreut mich, und mehr wird es keiner. Er schreibt, Savigny habe die Nachricht aus Paris, daß eine Übersetzung dort vom Tian gemacht sei, ihm mitgeteilt, frag ihn doch und schreib mir etwas Näheres darüber.

Den Molitor habe ich Deine Ansichten über die Erziehungen lesen lassen, es freute ihn und verspricht, Dich nicht mehr zu stören, das ist mir lieb, denn wenn auch Deine Argumente, womit Du das Philistertum bestürmst, keinen Bodensatz haben und unleugbar aus der Luft gegriffen sind, so ist mir doch lieber, zu lesen, wie Du unmittelbar mit den Elementen verkehrst, als wenn Du Deinen Sinn im Widerspruch auf irgendein gegebenes Bestehendes anwendest. Deine Wahrheiten streifen wohl den inneren Sinn der Menschen; sie möchten Dir recht geben, aber was ist's damit? – bis einmal das Morgenlicht der Poesie in jeder Brust den Geist weckt, da wird wohl manches verstanden, und doch muß es wieder versinken; drum ist es mir lieber, Du selbst erschaffst Dich, bist Dir Lehrer und Schüler zugleich, weil es da was fruchtet und Deine Lehren einen so gründlichen, tiefen Eingang in Dich haben. – Hast Du Dich doch gegen die Philosophie gesperrt, und Deine Natur spricht sie doch so ganz persönlich aus, als Geist und Seele und Leib. Ich will damit Dich nicht auf Dich selbst zurückführen, es ist eine Bemerkung, die ich im Spiegel mache, und Du kannst ja gleich davonfliegen und den Spiegel leer lassen, auch gibt meine Bemerkung Dir recht; denn wenn Deine organische Natur ganz Philosophie ist, so wird sie sich nicht in der Anschauung erst erwerben sollen. – Sie wird einen Jugendleib haben, der mit einem anderen Frühling zusammentrifft, und ein anderes Verständnis haben mit dem Geistigen der Welt. – Um so mehr deucht es mir Mißgriff, wenn Du mit dem Wirklichen Dich begegnest und ihm Deinen Geist anmessen magst. Ich suche in der Poesie wie in einem Spiegel mich zu sammeln, mich selber zu schauen und durch mich durchzugehen in eine höhere Welt, und dazu sind meine Poesien die Versuche. Mir scheinen die großen Erscheinungen der Menschheit alle denselben Zweck zu haben, mit diesen möcht ich mich berühren, in Gemeinschaft mit ihnen treten und in ihrer Mitte unter ihrem Einfluß dieselbe Bahn wandeln, stets vorwärtsschreiten mit dem Gefühl der Selbsterhebung, mit dem Zweck der Vereinfachung und des tieferen Erkennens und Eingehens auf die Übung dieser Kunst, so daß, wie äußerlich vielleicht die hohen Kunstwerke der Griechen als vollkommne göttliche Eingebung galten und auf die Menge als solche zurückstrahlten und von den Meistern auch in diesem Sinn mit dieser Konzentration aller geistigen Kräfte gebildet wurden, so sammelt sich meine Tätigkeit in meiner Seele; sie fühlt ihren Ursprung, ihr Ideal, sie will sich selbst nicht verlassen, sie will sich da hinüber bilden. Du aber bist das Kind, geboren im Land, wo Milch und Honig fleußt, die Sorge ist da überflüssig, die Trauben hängen Dir in den Mund, alles ist Gedeihen und Klima Deiner Wiege, alles trägt Dich und nährt und schützt Dich, solang Du das Klima nicht wechselst, und ob das, was Du dadurch erbeutest, der Welt genießbar sei, darauf kömmt es hier fürs erste gar nicht an, wenn Du nur durch eigne Sünde nicht im Werden gestört wirst, denn das ist die einzige Sünde. – Schweig über Dich und gelte ihnen, für was sie wollen, versprich mir das heilig, denn sonst würden sie Dich aus Deinem ursprünglichen Land verpflanzen, sie würden Dich aus Deiner Kindheit herausheben und etwas aus Dir machen wollen. – Und wie klagevoll wär's, wenn Du selbst Deinem inneren Leben, Deiner eignen Religion, die so sanft, so glücklich Dir dient, Dich aus eigner Schuld entfremdetest, o nein, ich will's nicht hoffen, bleib immerdar mit Deinen Geistern im Bund, die Dir Speise bringen, und verwerfe sie nicht um fremde Kost. Ich hab mir schon oft Vorwürfe machen lassen um Dich, wie hätte ich mich wehren können? es wäre Verrat an Dir gewesen, nein, ich ließ Dich unberührt von ihren Augen. Was bist Du auch? – nichts als nur, wie die Natur sich tausendfältig ausspricht – wie jene Schmetterlingshülle, die du diesen Sommer aus dem Schlangenbad mitbrachtest, die äußerlich so fest war, daß nichts Fremdes sie verletzen konnte, und beim geringsten Berühren des Schmetterlings sich auftat, ihn zu entlassen, und dann sich wieder schloß. Wenn die Natur sich so eigen dazu verwendet, jede Störung ihrer Bildungen zu verhüten, sogar die leere Kammer, woraus sie ihr geflügeltes Geschöpf entläßt, sorgsam wieder schließt, wie sehr muß da der Instinkt in dies lebende Wesen eingeprägt sein, daß es sich keiner fremden Gewalt hingebe. – Du verstehst die Natur ja mannigfach, so wirst Du mich auch hier begreifen, nicht besser, nicht mehr kommst Du mir vor als alles, was in der Natur lebt, denn alles Leben hat gleiche

Ansprüche ans Göttliche; aber sorge nur, daß Du Dein eignes Naturleben nicht verletzest und daß es sich ohne Störung entwickle.

Dein klein Gedicht, was Du bei Gelegenheit der Langenweile gemacht, beweist mir, daß wir beide recht haben, für jeden andern wollt ich es als Gedicht rechnen, aber für Dich nicht, denn Du sprichst darin eine äußere Situation aus, nicht die innere, und ein Gedicht ist doch wohl nur dann lebendig wirkend, wenn es das Innerste in lebendiger Gestalt hervortreten macht; je reiner, je entschiedner dies innere Leben sich ausspricht, je tiefer ist der Eindruck, die Gewalt des Gedichts. Auf die Gewalt kommt alles an, sie wirft alle Kritik zu Boden und tut das ihre. Was liegt dann dran, ob es so gebaut sei, wie es die angenommne Kunstverfassung nicht verletze? – Gewalt schafft höhere Gesetze, die keiner vielleicht früher ahnte oder auszusprechen vermochte; höhere Gesetze stoßen allemal die alten um, und wir sind doch noch nicht am End! – Wenn doch der Spielplatz, wo sich die Kräfte jetzt nach hergebrachten Grundsätzen üben, freigegeben wäre, um der Natur leichter zu machen, ihre Gesetze zu wandeln. Ich will nicht, daß Du auf meine Produkte in der Poesie anwendest, was ich hier sage; ich habe mich auch zusammengenommen und gehorchen lernen; und es war gut, denn es sammelte meinen Stoff in meinem Geist, der mir vielleicht als Inhalt nicht genügt haben würde, wenn mir die Form, die ich der Anmut zu verweben strebte, nicht den Wert dazu geliehen hätte; ich glaube, daß nichts wesentlicher in der Poesie sei, als daß ihr Keim aus dem Inneren entspringe; ein Funke, aus der Natur des Geistes sich erzeugend, ist Begeisterung, sei es aus welchem tiefen Grund der Gefühle es wolle, sei er auch noch so gering scheinend. Das Wichtige an der Poesie ist, was an der Rede es auch ist, nämlich die wahrhaftige, unmittelbare Empfindung, die wirklich in der Seele vorgeht; sollte die Seele einfach klar empfinden, und man wollte ihre Empfindung steigern, so würde dadurch ihre geistige Wirkung verlorengehen. – Der größte Meister in der Poesie ist gewiß der, der die einfachsten, äußeren Formen bedarf, um das innerlich Empfangne zu gebären, ja, dem die Formen sich zugleich mit erzeugen im Gefühl innerer Übereinstimmung.

Wie gesagt, wende nichts auf mich an von dem, was ich hier sage, Du könntest sonst in einen Irrtum verfallen. Obzwar ich grad durch mein Inneres dies so habe verstehen lernen. Ich mußte selbst oft die Kargheit der Bilder, in die ich meine poetischen Stimmungen auffaßte, anerkennen, ich dachte mir manchmal, daß ja dicht nebenan üppigere Formen, schönere Gewande bereit liegen, auch daß ich leicht einen bedeutenderen Stoff zur Hand habe, nur war er nicht als erste Stimmung in der Seele entstanden, und so hab ich es immer zurückgewiesen und hab mich an das gehalten, was am wenigsten abschweift von dem, was in mir wirklich Regung war; daher kam es auch, daß ich wagte, sie drucken zu lassen; sie hatten jenen Wert für mich, jenen heiligen der geprägten Wahrheit, alle kleine Fragmente sind mir in diesem Sinn Gedicht. Du wirst wohl auch dies einfache Phänomen in Dir erfahren haben, daß tragische Momente Dir durch die Seele gehen, die sich ein Bild in der Geschichte auffangen, und daß sich in diesem Bild die Umstände so ketten, daß Du ein tief Schmerzendes oder hoch Erhebendes miterlebst; Du kämpfst gegen das Unrecht an, Du siegst, Du wirst glücklich, es neigt sich Dir alles, Du wirst mächtig, große Kräfte zu entwickeln, es gelingt Dir, Deinen Geist über alles auszudehnen; oder auch: ein hartes Geschick steht Dir gegenüber, Du duldest, es wird bitterer, es greift in die geweihte Stätte Deines Busens ein, in die Treue, in die Liebe; da führt Dich der Genius bei der Hand hinaus aus dem Land, wo Deine höhere sittliche Würde gefährdet war, und Du schwingst Dich auf seinen Ruf, unter seinem Schutz, wohin Du dem Leid zu entrinnen hoffst, wohin ein innerer Geist des Opfers Dich fordert. – Solche Erscheinung erlebt der Geist durch die Phantasie als Schicksal, er erprobt sich in ihnen, und gewiß ist es, daß er dadurch oft Erfahrungen eines Helden innerlich macht, er fühlt sich von dem Erhabenen durchdrungen, daß er sinnlich vielleicht zu schwach sein würde zu bestehen, aber die Phantasie ist doch die Stätte, in der der Keim dazu gelegt und Wurzel faßt, und wer weiß, wie oder wann als mächtige und reine Kraft in ihm aufblüht. – Wie sollte sonst der Held in uns zustande kommen? – Umsonst ist keine solche Werkstätte im Geist, und wie auch eine Kraft sich nach außen betätigt, gewiß nach innen ist ihr Beruf der wesentlichste. – So fühl ich denn eine Art Beruhigung bei dem Unscheinbaren und Geringfügigen meiner Gedichte, weil es die Fußtapfen sind meines Geistes, die ich nicht verleugne, und wenn man mir auch einwerfen könnte, ich hätte warten dürfen, bis reifere und schmackhaftere Früchte gesammelt waren, so ist es doch mein Gewissen, was mich hierzu bewog, nämlich nichts zu leugnen, denn wenn je eine reine, selbstgefühlige Gestalt hieraus sich entwickelt, so gehört auch dies hinzu, und was ich bis jetzt auf diese Weise in mir erlebte, ist ja, was mich bis hierher führte, zu diesem Standpunkt meines festen Willens. –

Ich hab Dir jetzt genug gesagt, ich hab es aus Liebe zu Dir getan, so wie Du so manches aus Liebe zu mir gesagt und getan hast, und Du hast außerdem noch einen nahen Anteil an allem, wie denn dies nicht anders möglich ist. – Ich bitte Dich aber dringend, lasse es in Deine Stimmung nicht einwirken, sondern sorg, daß Du mir hübsch ganz Du selbst bleibst. Dein Manuskript ist an den Primas besorgt worden.

Karoline

Was hast Du denn für einen Brief an Voigt geschrieben von einem polnischen Juden?

An die Günderode

Das Wetter hat sich geändert, der grüne Bergrasen lacht das bißchen Schnee aus, was Winter sein will, ich bin den ganzen Tag nicht zu Haus. Die Sonn und der Mond gehn abends zusammen am Himmel spazieren, ich war gestern früher oben, um zu sehen, wo sie bleiben, ich guckte in die Luft, die so weich weht, und in die veränderte Landschaft, weil über Nacht der Schnee weggeschmolzen war, und konnt mich auf nichts mehr besinnen in der schmeicheligen Natur, so geht's gewiß den schneeentlasteten Tannen auch und den Wiesen; und die gelben Weiden und die Birken taumeln in dem lauen Wehen wähnend und schwankend, als könnt der Frühling wohl einmal den Winter überhüpfen; sie sind im Winterschlaf vom Frühlingstraum geneckt, ich auch – ob nicht alle Seligkeit hier Traum von später ist? sie ist so kurz, so zufällig. – Frühling ist Seligkeit, weil's Begeisterung ist von der Zukunft, Seligkeit ist Begeisterung zum Leben, das ist Frühling. Wer ewig zum Leben begeistert ist, der ist immerdar Lebensfrühling, das Leben ist aber bloß Begeisterung, denn sonst ist's Tod; und so ist das Leben heut und immer knospenschwankend im Wind, der die Zeit ist, knospenschwellend in den Sinnen, was die Natur ist, und knospenduftend im Geist, der die Sonne ist. Das ganze Leben ist bloß Zukunftbegeisterung, nicht ein Moment kann aus dem andern hervorgehn, wär's nicht Begeisterung der Natur fürs Leben. Die Zeit würde aufhören, wär die Natur nicht mehr frühlingsbegeistert, denn bloß, daß sie ewig nach der Zukunft strebt, macht, daß sie lebt; und daß sie ewig den Frühling erneuert, das ist ihre Seele, ihr Wort, das Fleisch geworden ist.

Sie öffnet die Lippen und schöpft Atem der Zukunft, das ist der Frühling, der blüht schnell alles heraus, das ist Ausatmen der Begeisterung, Frucht der Blüte, Bestätigung des begeisterten Lebensatmen, Sommer, wo der Busen der Natur atemerfüllt die Lebenskraft in die Frucht, im Apfel, in der Traube wieder aushaucht in den Herbst hinüber, in dem er reift, absetzt; das ist im Busen der Natur Winterpause, da regt sie sich einen Moment nicht, wie die Brust sich auch nicht regt zwischen Sinken und Steigen vom Atem; – und dann hebt sich der Busen ihr allmählich wieder, mächtig und mächtiger – trinkt Lebensbegeisterung heiligen Atems voll. So ist das Leben frühlingsbegeistert Atemschöpfen, und Sommer und Herbst sind der Begeisterung Aushauch, und der Winter ist nur Frühlingspause; in ihr sind alle Sinne schon wieder auf das Atemschöpfen hingewendet.

Alt ist keiner, als nur, wer die Zeit achtet als bestehend. – Die Zeit ist nicht bestehend – Schwinden ist Zeit. An Schwindendes kann sich Begeisterung nicht hängen, an nichts kann sie hängen, sie muß frei sein, bloß in sich; denn sonst wär sie kein Leben. Also die Natur atmet Begeisterung, das ist Frühling; Sommer und Herbst entströmen dem Atem der Natur, das ist, wo sie alles hingibt, um aufs neue den Frühling einzuatmen. – Da ist's deutlich, daß der Geist auch nur Frühlingsatem schöpft und daß Jugend nicht in Zeit sich einschränkt, die vergeht, da Lebenslust nicht vergehn kann, weil, wie Natur Frühling aufatmet, wir Lebensbegeisterung aufatmen. – Es ist dumm, was ich hier sag, ist nicht uneingehüllter Geist, der den Wahn vernichtet, aber unter der armseligen Hülle des zwanzigmal wiederholten Vergleichs liegt einer zerschmetternden Antwort Keim auf das, was Du mir schon mehr als einmal gesagt hast: »Recht viel wissen, recht viel lernen, und nur die Jugend nicht überleben. – Recht früh sterben!« Ach, Günderode, atme aus, um wieder aufzuatmen, Begeisterung zu trinken – denn: Ist Natur nicht bloß dieser Begeisterung Leben? – Und wär Jugend etwas, wenn's nicht ewig wär? Wie ich auf der Warte saß gestern und sah, wie die Natur den Frühling schon vorausträumte – da fiel mir's ein, daß Jugend ja ein ewiger Lebensanspruch ist, wer den aufgibt allein, atmet nicht mehr auf, er läßt den Atem sinken. – Ich weiß nicht, was Du Jugend nennst? – ist's nicht jugendlich, den Leib dem Geist aufopfern? – strebt sie nicht mit allen Kräften Geist zu werden? Was ist denn also die Zeit? – nichts als Jungwerden. – Leben muß man immer wollen, denn wenn der Tod kommt, das ist grade, wo die Jugend sich mündig fühlt zur Unsterblichkeit; wessen Jugend aber früher abstirbt, wie kann der unsterblich werden? – Wer dächte: Ich will nicht über die Jahre hinaus, wo ich mit zwanzig zähle, denn mit dreißig ist der Jugend der Stab gebrochen, der müßte einer sein, der Zeit hätt, so was zu denken, und stünd ebensogut müßig am Ufer als Ladung für den Charonsnachen, mir deucht aber, Dein Geist, der wie die Natur blütenaufatmend ist, kann nicht vor späterer Zeit zurückweichen wollen. Nein! – Geistessehnsucht bildet Frühlingskeime, und Lebenwollen ist Liebe zu diesen Keimen, des Geistes Lebensbegierde ist dasselbe Treiben, was in der Natur ist, wo Keim auf Keim aufsprießt; und eine Lebensmelancholie kann nur sein, wo der Geist stockt, wo er den Trieb verliert, der Natur gleich, mit heißem Blut seine Triebe zu nähren; das wär die Jugend aufgeben; – das ganze Leben ist nur einmal Frühlingsaufatmen, und ob wir zwanzig oder dreißig oder hundert Jahr zählen, so lang muß der Atemzug aushalten, aufstrebend ins Leben, mit allen Kräften, in vollster, reichster Blüte den Duft ausbreitend, in die Weite auf schwingenbeladenen Winden. – Wie kannst Du da nur um Jugend Dich grämen? – und wer anders lebt, der ist kein Lebender im Geist. – Und an was denkst Du in Dir selber? – zu was empfindest Du Dich hin, als bloß zum Ziel! – zur Umarmung mit einem Ideal, was innerlich Dir vorschwebt – Du sehnst Dich ihm entgegen, innerlich, alles, was Du tust ist Aufstreben; Kindschaft, Jünglingschaft das ganze Leben; wie kann da von der Jugend Ende auf Erden die Rede sein. – Jugend bricht in voller Blüte hervor, erst wenn's Leben am Ende ist. Hast Du nicht gesehen an manchen Pflanzen, daß die erste Hülle, die ihre Blüte verschließt, welken muß, eh jene aufbrechen kann? – und sollte man, um der jungen Kraft der Hülle wegen, die nur Schutzmantel ist der verschlossenen Blüte, den innern Keim ausbrechen wollen, damit die Narren nicht sagen, die Jugend sei verwelkt? – Das ganze irdische Leben ist nur einhüllende Mutterwärme, Hülle der Geistesblüte, wir wollen sie ihr nicht rauben, wir wollen sie verborgen in dieser Hülle lassen, bis die zu Staub auf ihr verfällt – und die geheimen Lebenstriebe, mit denen Du mich durchdringst, von denen ich ohne Dich nichts empfunden haben würde, die laß sich verdoppeln tausendfältig – Du liebst! – anders kann ich Dich nicht ausdrücken – das ist ja nur Jugendblüte! – Da der Charakter Deines Geistes also Jugend ist, was hast Du für Not ums Altwerden? – und was tu ich denn? – ich leb mit von der Wärme, die Deines Geistes Lebenskeim schützt und nährt, und alles, was in mir treibt, würde vielleicht ohne Regung geblieben sein, wär es nicht in Dir vom Lebensfeuer ergriffen; ja, ich bin ein Zweig, der am vollblühenden Stamm Deiner unsterblichen Jugend durch dies Erdenleben mitgenährt ist. –

Erdenleben ist Mutterhülle der geistigen Jugend, mag sie uns schützen, wie die Zwiebel den Keim des Narzissus schützt, bis sie im Spiegel ihr eignes Ideal erkennt.

## Am Mittwoch

Ich war gestern lustig, aber ein Brief der Claudine über Dich, den ich fand, als ich vom Turm kam, hat mich bewegt, Dir so ernst zu schreiben; wenn's dunkel ist, kann man sich allerlei weismachen, eben weil Gelegenheit ist, so mannigfaltig mit Schatten zu spielen; glaubt man auch nicht an den verzognen Schatten, so duldet man doch nicht gern das groteske und doch so ähnliche Bild, und man kann am wenigsten leiden, was man doch nicht glaubt; so nimm meinen Brief; ich hab nie Deine Reden über Leben und Sterben leiden mögen, obschon ich weiß, daß es nur Schatten waren, die an der Wand Deines Geistes spielten, gleichsam als wär das Licht Deines Geistes schief gerückt, und sei mir gut und laß mich's nicht entgelten, wenn ich nicht damit in deine Träume eingreife, die vielleicht golden sind im verjüngten Morgenglanz, während ich trübe Regenwolken wollte verscheuchen, mit denen weit in den Abend hinein mir Dein Himmel überzogen schien, als mir die Claudine von Deinem Trübsinn schrieb. Es ist ja natürlich, daß, wer Dich von außen nur sieht, über Dein Inneres keinen treffenden Bericht kann erstatten, von dem ich jetzt ahne, daß es heiter thront über Wolken, die ihren Schatten zwar nach der Erde werfen, auf denen Du aber, himmlisch getragen, im Licht schwelgst. Hier leg ich Dir das Blatt bei, das ich, eh der Claudine Brief kam, geschrieben hatte, am Montag, wo's auf dem Turm so frühlingsmäßig war, daß ich an keinen Winter mehr glaubte.

## Erstes Blatt vom Montag

Der poetische Vortrag vom Sonnabend hat mir seinen wechselnden Rhythmus wie in eine Orgelwalze eingehämmert, der sogar meine Reden einschnürt; so leicht kann eine fremde Kraft meinen Geist überwältigen. Dem Weiß hab ich gestern meinen Gutenachtgruß, wie er behauptet, in Hexametern vorgestammelt, wundre Dich nicht, daß ich diesen Plaggeist, weil ich so abendmüde bin, die Zügel schießen lasse und Dir die

Naturseltenheit eines frühlingsträumenden Winterabends in aufdringli-
chen Rhythmen vortanze.

*Eilt die Sonne nieder zu dem Abend,*
*Löscht das kühle Blau in Purpurgluten,*
*Dämmrungsruhe trinken alle Gipfel.*

*Jauchzt die Flut hernieder silberschäumend,*
*Wallt gelassen nach verbrauster Jugend,*
*Wiegt der Sterne Bild im Wogenspiegel.*

*Hängt der Adler, ruhend hoch in Lüften,*
*Unbeweglich wie in tiefem Schlummer;*
*Regt kein Zweig sich, schweigen alle Winde.*
*Lächelnd, mühelos in Götterrhythmen,*
*Wie den Nebel Himmelsglanz durchschreitet,*
*Schreitet Helios schwebend über Fluren.*

*Feucht, vom Zaubertau der heilgen Lippen,*
*Strömt sein Lied den Geist von allen Geistern,*
*Strömt die Kraft von allen Kräften nieder.*

*In der Zeiten Schicksalsmelodien,*
*Die harmonisch ineinander spielen*
*Wie in Blumen hell und dunkle Farben.*

*Und verjüngter Weisheit frische Gipfel*
*Hebt er aus dem Chaos alter Lügen*
*Aufwärts zu dem Geist der Ideale.*

*Wiegt dann sanft die Blumen an dem Ufer,*
*Die sein Lied von süßem Schlummer weckte,*
*Wieder durch ein süßes Lied in Schlummer.*

*Hätt ich nicht dem Göttlichen gelauschet,*
*Hätt ich nicht dem Göttlichen gelauschet,*
*Und ich säh den heilgen Glanz der Blumen,*

*Säh des frühen Morgens Lebensfülle,*
*Die Natur wie neugeboren atmet,*
*Wüßt ich doch, es ist kein Traum gewesen.*

Weißt Du noch jenen Abend, im Frühjahrsanfang, wo der Arnim auf dem Trages seine Gedichte uns vorlas? – da hab ich mich auf dem Turm in dem laulichen, keimetreibenden Wetter wieder dran erinnert, und der Rhythmus, der, wie gesagt, noch aus jener Vorlesung mich verfolgt, schien mir dies alles, was hier auf dem Papier so ganz dürr aussieht, in großer Fülle auszusprechen; ich wollt es Dir auch nicht schreiben, aber wo soll ich hin mit? – Meine Briefe an Dich sind wie das Bett der Quelle, alles muß durchströmen, was in mir ist.

Meine Bemühungen, Lieder fürs Wunderhorn aufzufinden, haben mich mit wunderlichen Leuten zusammengeführt, die wie angenehme Schäferspiele mich ergötzen. – Ich brauch Überredungskünste, um ein Bauernmädchen dahin zu bringen, ihre Lieder herzusingen. Da kommen sie meistens zuerst mit verkruzten Opernarien, ich hab noch wenig Körnlein aus dieser Spreu gesammelt, die sie aus Mangel an Unschuld im Überfluß an Unwissenheit ersticken und vermodern lassen und die man endlich doch nur stückweise ans Tageslicht bringen kann; – ich tu's dem Clemens und Arnim zu Gefallen. Letzt war mir ein allerliebst Mädchen vom Pfarrer Bang geschickt worden, weil es sehr viel schönere Lieder kann; die ganze Familie gehört zu dem Singgeschlecht, die sich ernährt mit Kräutersuchen für die Apotheken in der Umgegend und im Frühjahr mit Erdbeeren- und Heidelbeerensuchen. Das Kind war zwei Tage bei mir, es schlief im Vorzimmer; so ein allerliebst Kind kannst Du Dir gar nicht denken, auch von Schönheit; ich nahm's mit hinaus, da hat's mich neue Wege geführt, wo ich noch gar nicht gewesen war; ich sagte, wir wollen einmal gradaus gehen, es mag in Weg kommen, was will, so ging's bergauf, bergab, bis wir hinter die Brunnenleitung in den Wald am See kamen, und ich war mutwillig übermäßig, bis ich mich endlich, überrascht, weil ich rückwärts ging, in einem Sumpf befand. –

Was mich am meisten ergötzt, ist die Kenntnis aller Kräuter und Wurzeln, die das Kind hat, ohne doch je gelernt zu haben; es ist eine traditionelle Botanik, die aber so vollständig ist und mit so viel historischen Belegen versehen und zu so manchen Vergleichen führt, daß wohl auf diese Weise ein groß Teil Gottesphilosophie auch in den unstudierten

Bauern übergeht. Ich grub viel Wurzeln aus, die wußte das Kind alle zu nennen, und jedes verdorrte Hülschen, das noch einen Samen bewahrte, kannte es, das gute Kind. – Da war ein kleiner Storchschnabel im Winter ausgefroren, es holte ihn aus einer Felsritze hervor, wo die Pflanze ganz unverletzt geblüht hatte und so verdorrt war; dies Blumengeripppe war so schön, wie die Blume gar nicht ist. In ihrer Einfachheit kann die Pflanze nicht größeren Anspruch machen als andre Feld- und Waldblumen, aber ihr feines Geripppe ist wie ein gotisch Kunstwerk. Der kleine Spieß, der aus der Blumenkrone hervorwächst, teilt sich von unten in fünf Fingerchen, die sich aufwärts schwingen und mit jedem in einem kleinen verschloßnen Becher ein Samenkörnchen der Sonne entgegen halten, das so fein und wunderschön geformt und geschliffen ist wie ein Edelstein; wenn nun die Sonne drauf scheint, so tun diese Samenkörnchen nach allen Seiten einen mutigen Sprung, so sind alle fünf um die Mutterstaude versetzt, ein bißchen Erde, ein bißchen vermodert Moos gibt ihnen Nahrung, daß sie im nächsten Jahr im Familienkreis aufblühen. – Nein! ich hab die Natur lieb, mag ich auch nur wie ein trockner Storchschnabel, das geringste aller Pflänzchen, später unter den Füßen des Wanderers zertreten werden, so will ich ihr doch mich hinhalten, solang sie ihren kunstfühligen Geist über mich strömen läßt; wollte sie doch meiner einfachen, unscheinbaren Blüte nach einen schönen Zepter aus mir bilden, der seine Kleinodien um sich streut, neues Leben zu verbreiten, und dann in die leeren Schalen Himmelstau sammelt; so denk ich mir, wird des Großmütigen Zepter die Welt berühren.

In allen Wandlungen der Natur deucht mich Salomonis Weisheit mit Geistesbuchstaben eingezeichnet, die klein oder groß – die Seele mit Schauer erfüllen, weil sie alle rufen: »Hebe wie der Vogel die Schwingen über den Erdenstaub hinaus und fliege aufwärts, so hoch du vermagst. Der Vogel fliegt mit seinem Leib, du aber kannst mit dem Geist fliegen, dein Leib hat keine Flügel, weil du lernen sollst, mit dem Geist dich aufschwingen.« – Du weißt, wie oft wir uns besannen, warum die Sehnsucht zu fliegen, durch jeden Vogel rege werde. Hätten wir Flügel wie die Vögel, so würde diese Sehnsucht nicht wach sein, die jetzt uns bewegt, immer dran zu denken, und so unsern Geist befiedert, mit dem wir einst fliegen werden; denn alles Denken ist doch das im Geist, was das Wachsen und Treiben in der Natur ist. – Nun weißt Du auch, warum in meiner botanischen Taufe der Storchschnabel die Zepterblume heißt. – Mein botanisch Heft hat sich schon vergrößert bis zur siebzehnten Pflanze, die ich genau beobachtet und so bezeichnet hab, wie mein Beschauen es mir lehrte, bald ist's das Blatt, bald die Krone oder Wurzel, bald die Form der Staude, die mir irgendein Rätsel löst oder eine Zauberformel aufgibt; dem alten Weiß bring ich meine Exemplare, er muß sie mir einlegen und sauber ordnen; im Anfang meinte er, ich spaße, als ich ihm meine neue Botanik vortrug, als ich aber ganz ernsthaft dabei blieb, daß wie andre eine Botanik geschrieben, so könne ich auch eine schreiben, so sah ich ihm heimlich an, daß er mir meine Kinderunschuld nicht verderben wollt und sich hineinfügte; ich las ihm meine Entdeckungen vor, besonders erfreute ihn die Geschichte der Kuhblume, die ihren Samen wie eine Sternenkugel ausdehnt und von der ich ihm zu verstehen gab, daß die Sterne wohl auch mit einer so feinen Röhre auf dem Samenschaft der Gottheit haften, wenn die ausgeblüht hat und einer zuweilen dahinfliegt, um in einem neuen Boden zu blühen, und daß alle Himmelskörper reifende Samen sein könnten. – Der Weiß sagt: »Tolle Vergleiche, aber sie machen mir Freude und rücken mir die alte Pelzmütze vom Ohr und wehen mir frische Luft zu.« So bring ich denn manches zum Vorschein, woran ich nicht gedacht hätt, bloß um den alten Nachbar in Verwunderung zu setzen; es ist doch schön von ihm, daß er sich zu solchen Dingen, die er Narrenspossen nennt, so gerne hergibt. – Manchmal ruft er aus: »Das geht über alle Unmöglichkeit hinaus.« – Mit dem Erdbeermädchen bin ich noch einen Nachmittag im Freien am Waldrand gewesen, wo wir Feuer machten und wo die Sonne glühendrot unterging und wir durch die einsamen Felder auf dem Heimweg sangen; da hab ich ein paar schöne Lieder entdeckt, es hatt ihrer gewiß noch manche im Kopf stecken, Melodien, die wie durch einen Magnet mit dem Inhalt zusammenhängen, die tragen eines durchs andre die Stimmung auf einen über. –

Heute erhalte ich einen Brief von Dir, die Claudine schrieb mir, daß sie Dich schreibend getroffen, schon am zweiten Blatt, ich weiß, daß wenn ich meinen Brief jetzt fortschicke, daß mir der Bote einen zurückbringt, ich freu mich, unterdessen will ich auf den Turm laufen und meine freudige Ungeduld mit den Geistern verjackern. –

Bettine

An die Günderode

Ich habe große Liebe zu den Gestirnen, ich glaub, daß alle Gedanken, die meine Seel belehren, mir von ihnen kommen. Auf die Warte zu gehen, möchte ich keine Nacht versäumen, ich dächte, ich hätt ein Gelübde gebrochen, was sie mir auferlegten, und sie hätten dann umsonst auf mich gewartet. Was mir Menschen je lehren wollten, das glaubte ich nicht, was mir aber dort oben in nächtlicher Einsamkeit in die Gedanken kommt, das muß ich wohl glauben. Denn: der Stimme vom Himmel herab mit mir zu reden – soll ich der nicht glauben? – fühl ich denn nicht ihren Atem von allen Seiten, der mich anströmt? – das ist, weil ich hier einsam in der Nacht ihnen so ganz vertraue. Ich gehe den Weg, der mich ängstigt, um zu ihnen zu gelangen, ich komme zum dunklen Turm, da zittert mir das Herz, ich steig hinauf mit solcher Beklemmung – und auf der obersten Sprosse, wo ich mit der Hand mich aufstützen muß, um mich hinaufzuschwingen, da ist mir schon so leicht – da leuchten mir alle Sterne entgegen – und wen ich liebe, befehle ich ihrem Schutz, und Dich zuerst. – Wenn ich um Dich betrogen würde, dann wär's aus mit ihnen. – In den Schnee, der oben auf der Warte liegt, schreib ich Deinen Namen, daß sie Dich schätzen sollen, das tun sie auch gewiß. – Dann setz ich mich auf die Brustwehr und verkehr mit ihnen lustig, nicht traurig. Du denkst wohl, ich wär da feierlich gestimmt? Nein, sie necken mich. »Hast du das Herz, da auf der schmalen Mauer im Kreis herumzulaufen, vertraust uns, daß wir dich nicht herunterfallen lassen?« – so fragen sie; und dann ist's, als könnt ich sie mit der Hand greifen, so nah sind sie mir. Denn wenn ich auf ihren Wink das Leben in ihre Hut geb, das muß mich mit ihnen vertraut machen. Ich weiß wohl, was Menschen denken würden von mir, wenn die so was wüßten, ich sag Dir aber, es ist eine Saat, die sie mir ins Herz säen, das hält so still und ist so hingebend wie das Erdreich, und es sammelt seine Kräfte, diese Saat zu nähren. Meinst Du, ich würde je zagen vor dem Geschick, wenn ein guter Geist mich heißt vorwärts gehen? – gewiß nicht! die Sterne haben's in mich gesäet, dies Vertrauen in das Rechte, ins Große, was so oft unterbleibt aus Mangel an kühnem Mut. Das ist die Blume dieser Saat, die blüht hervor; und meiner Brust prägt sich ein, daß ich nicht mehr nach der Menschen Rat frag oder auf ihre Meinung, ihren Willen mich berufe und mich so meiner inneren Stimme entziehe, die mir vielleicht befiehlt, was mich gefährdet, aber mir das Reine, Echte, Große, was auf kein Gerüste der Falschheit sich stützt, sondern rein aus der Brust mit Gottes Stimme einklingt, als heiligen Gegensatz aller menschlichen Vorsicht darstellt. Ein Inneres sagt mir: wie du den Sternen zusagst – so sage der innern Stimme auch zu, der nicht umsonst ein so dringender Laut eingeboren, die fühlbar macht das Unversöhnliche einer fremden Handlung mit diesem heiteren Umgang der Natur. Nie könnt ich etwas tun, wo nicht mein eigner Geist ja dazu sagte, und nie sollten mich Folgen kränken, schienen sie auch noch so herbe, wären sie diesem Vertrauen in die innere Stimme entsprungen. – Denn Erdenschicksal! – Was ist Erdenschicksal? – Erhaben kann der Menschengeist nie genug handeln! – Alles kleinliche Denken und Treiben ist weit größeres Elend, vergeudet viel edleres Gut, als mir je könnt aus Schicksalstücke geraubt werden. Aber groß Handeln heißt nichts als die reine Gewissensstimme mit der Harmonie der Geister, der Sterne, der Natur einklingen lassen; klingt sie nicht ein mit ihr, so kann ich nimmermehr mich zu ihr wenden, nicht den Mond mehr zur Rede stellen, nicht die Sterne, nicht die Nebel, nicht die Finsternisse mehr durchwandern und mit Geistern flüchtig durch Wies und Fluren schweifen wie mit bekannten und vertrauten Mächten; ich hab kein lebendig Gefühl mehr zu ihr, zur Natur. Bescheint mich die Sonne, so ist's nicht, weil sie ihren Geist auf mich richtet und meinem Durst den Kelch der Wahrheit von ihren Strahlen erfüllt darbietet, und überschau ich, wie heute, die frisch gefallne Schneedecke, über die Weite hingebreitet, so kann sie mich nur traurig anglänzen, die das Licht der Sterne so rein in ihren diamantnen Flächen spiegelt; und in meinem Geist, der von Gott gebildet ist, sein Bild aufzunehmen, ist dann dies Licht erblindet.

Was soll's, ob Jugend oder Alter mein Leben genannt werde, wenn die Natur ihre Sprache mir lehrt, die Geduld nicht mit ihrem Jünger verliert, wenn alles von Tag zu Tag feuriger mich begeistert bis zum letzten Tag. Welcher von denen, die mir Jugend absprechen, wird so elektrisch aufblühen, auf welchem Herd werden so hohe Flammen lodern, und wo wird des Lebens Fülle in hohen Wellen dahin sich ergießen als in meinem Lebensstrom? – lasse sie doch, die was wissen von Jugend? – lasse die kalte Welt, die Dich berechnet, kleinlich nach Jahren, sagen, Du seist alt oder jung, wer der Natur vertraut, der läßt von ihr sich umschmelzen, so oft und wie sie will.

»Willst du was«, sagen die Sterne, »komm zu uns.« Das gelobe ich ihnen. – Wo sollt ich mich auch sonst noch hinwenden? – wo sollt ich suchen? – keines Menschen Arm ist so zärtlich umfassend als der Sterne Geist, er umfaßt mich und Dich, denn wenn ich mich sammle innerlich, so hab ich Dich im Sinn. Was ich mit ihnen spreche, das hör ich nicht, ich les es auch nicht, es ist ihr Geflimmer, das wirkt mir's ein, und mit meinem Zutrauen versteh ich's; – und wer könnt mir meinen Glauben nehmen? – Und wenn einer balsamtrunken ist und fühlt's in den Adern, wie könnt der zweifeln? – Es ist auch nicht, daß sie mir treffende Wahrheiten mitteilen oder daß ich was vernehm im Geist, was mir wie Weisheit dünkt. – Sie nicken nur meinen geheimen Wünschen Gewährung – Du weißt wohl, was das ist: innerlich siegend wegfliegen über alles; äußerlich nicht erkannt, nicht verstanden; ja, lieber verachtet als nur ahnen lassen, wie es ist – diese göttliche Dreieinigkeit zwischen mir und Dir und den Sternen. – Wenn ich für Dich mit ihnen was vorhab – ich streck die Hände aus zu ihnen, sie wissen's. – Dein Brief hat heute einen Geisterring um mich gezogen, Du hast mich in einen tieferen Kreis eingelassen, das macht mich wehmütig, und doch macht es mich eifersüchtig auch, ich empfinde daß Du mich hinter Dir läßt, wenn Du mit Deinen großen weiten Flügeln Dich aufschwingen wolltest. – Du hast recht in allem, was Du sagst. Das heißt, ich versteh Dich – aber es drängt sich mir ein Gefühl auf, ein schmerzliches, das überwiegt alles Große, was Du mir über Dich sagst, allen heiligen Rat, den Du über mich gibst. – Der Freund, der weit über Land reisen wollt, würde so sprechen zum Abschied! es ist nicht wie Deine früheren Briefe, die mitten drin sind im Spiel meiner Gedanken, Du stehst auf der Höhe, übersiehst alles, befiehlst mir alles an, als wolltest Du von mir scheiden. Du sagst zwar, was ich von Dir schreibe, habe Dich gerührt, darum seist Du mir nähergerückt, und es ist auch eine tiefe Harmonie in dem, was Du von Dir sagst, mit meinem Gefühl von Dir, aber mich macht's traurig, daß Du willst, ich soll dem Clemens mehr schreiben, ich soll Dir heilige Versprechungen geben, meiner Natur treu zu bleiben, und am meisten tut mir's weh, daß Du so deutlich die Verschiedenheit unserer Geisteswege bezeichnest und Dir den angestrengten dornenvollen aneignest, von mir aber sagst, ich dürfe mich nicht bemühen, ich sei in dem Land von Milch und Honig. Soll ich nicht mit Dir sein, soll meine Milch und Honig, meine Früchte nicht Dir darbringen, für wen fließt dann diese Milch und Honig? – Ach, wenn nur diese Dreieinigkeit fortbesteht zwischen Dir und mir und dem Geist, der dem einen und dem andern mitteilt für beide, so bin ich befriedigt für immer, und mag mir geschehen, was da will, nur das Schicksal soll sich mir nicht aufdrängen, was diese Dreiheit scheidet. – Mit Deinem Brief ging ich auf die Warte. – Zu wem soll ich gehen, mit wem soll ich sprechen von Dir? – Mit welcher Sehnsucht ging ich hinauf, und die Sterne! – wie verwirrte mich da oben ihr Drängen um mich her, immer höher und höher hinauf unzählige, und alle winkten, so weit mein Auge reicht, und so ist's mit jedem Tag mehr, daß ich mich an sie wenden muß, und was Traum war, muß mit der Wirklichkeit vermählt werden, wenn ich mir durchhelfen soll. So ist's, wenn der Keim durchbricht, da genügt nicht mehr Wasser und Luft und Erde, da ist kein Wahrscheinliches mehr, kein Unwahrscheinliches, da ist kein Rat, kein Beweistum mehr gültig. –

Glaube ist Aberglaube – aber Geist ist Glaube. – Da könnte einer fragen, was mein Vertrauen in die Sterne ist, wenn nicht Glaube und also Aberglaube? Zwischen den Sternen und mir ist nur der Geist, ich fühl's, alle sind Spiegel des Geistes, der aus meiner Brust steigt; sie fangen ihn auf und strahlen ihn zurück; was du denkst, das einzig ist, die Wahrheit, sagen sie, klemme nicht deine Flügel ein, fliege so hoch und so weit dich deine Flügel tragen, ihre Kraft zu proben ist nicht Sünde; wie der Kolumbus dahinfuhr auf uferlosem Meer, so fürchte du nicht, die Ufer aus dem Aug zu verlieren, an denen Menschenwitz gelandet und furchtsam sich dran festklammert; nicht umsonst ist Gott überall, so darf der Menschengeist auch überall sein; denn er trifft mit Gott zusammen in der ungangbaren Wüste; das Umherschweifen nach einer neuen Welt, die deine Ahnung dir weissagt, ist nicht Sünde, denn der Geist ist geschaffen, der Welten unzählige zu entdecken, und diese Welten sind, und sind das Leben des Geistes, ohne diese würde er nicht leben, denn des Geistes Leben ist, Welten zu entdecken, und der Welten Leben ist, im Geist aufzusteigen. Denn alle sind im Geist geboren, die wollen zu Schiff und fort, um neue Welten zu entdecken. Aber die Menschenfurcht ist so groß vor dem Geist, daß sie den Hafen sperrt und duldet nicht, daß er die Segel ausspanne, sondern alle rufen: Steiniget ihn, steiniget ihn, denn seht, er will den Hafen verlassen, in dem wir gelandet sind, und so steinigen sie ihn und töten ihn, eh sie zugeben, daß er den Hafen verlasse, damit nie Gottes Weisheit den Menschenwitz auf freiem Meer geleite; denn sie wollen der neuen Welten keine zugeben, aber gewiß: so unendlich der Sterne Zahl, so unendlich auch die Welten, die der Geist noch zu entdecken hat; und wie aller Sterne Licht zu uns aus weiter Ferne niederstrahlt, so strahlt aller Welten Geist herab in den Menschengeist, und dies Licht ist der Keim, der aufgeht im Geist, daß er die Welten des Geistes entdecke. – Und wie alle Wahrheit Fabel ist, das heißt Gottes-Verheißung in der körperlosen Geistigkeit der Idee, und wie alle Geschichte Symbolik ist, das heißt Gottessprache mit dem Menschengeist, um ihn auf die Wahrheit steuern zu lehren, so ist denn auch die Geschichte des Kolumbus ein göttlich Bereden und Berufen des Menschengeistes, seine Segel aufzuspannen und kühn auf jene Welt loszusteuern, die er, sich selber weissagend, sehnsüchtig erreichen möchte; und die Fabel dieser wahrgewordnen Ahnung ist die Verheißung, daß auch des Menschen Geist glücklich landen werde, wenn er seinem Mut vertraut, denn wie wollten wir den Mut wecken und erziehen in uns, vertrauten wir nicht der eingebornen Kraft – dem Genius. Was Tugend ist, hat keine Grenze, es umspannt die Himmel, wir können ihm kein Ziel setzen: so können wir dem Geist kein Ziel setzen, er ist göttliche Kraft, und dieser vertrauen, das ist der Geisteskeim, der ins Leben tritt. Was aber der Mut erwirbt, das ist innere Wahrheit, was den Geist verzagen macht, das ist Lüge. – Verzagtheit im Geist ist gespensterhaft und macht Furcht. – Selbstdenken ist der höchste Mut. – Die meisten Menschen denken nicht selbst; das heißt, sie lassen sich nicht von der Fabel des göttlichen Geistes belehren, die alle Wirklichkeit durchleuchtet und zur Hieroglyphik sie bildet, durch deren weisheitbewahrende Rätsel der Mensch hinauftreibt zur Blüte und sich zeitigt in ihr, daß er vermöge, neue Welten organisch zu durchdringen und so sich selber ewig und ewig bis zur Gottheit zu erziehen. – Aber im engen Hafen eingeklemmt, aus Furcht vor dem Scheitern, da wird er die Gottheit auf hohem Meer nicht erkennen. Und ist doch alle Geschichte Symbolik, das heißt Lehre Gottes, und wenn das nicht wär, so würde den Menschen nichts widerfahren. Wer wagt, selbst zu denken, der wird auch selbst handeln, und wer nicht selbst denkt, nicht aufs freie, uferlose Meer steuert mit seinem Geist, der wird die Gottheit nicht selbst erreichen, nicht selbst handeln, denn sich nach andern richten, das ist nicht handeln, handeln ist Selbstsein, und das ist: in Gott leben. –

So hab ich heute gedacht auf der Warte, weil mich Dein Brief ergriffen hat; ein Zorn ist in mir aufgelodert, der mir diese Gedanken zurief, es ist ein Fordern an Dich, Du sollst Dir und mir treu sein, da ein Geist sich mit uns beiden eingeschifft hat, so verlaß seine Flagge nicht, der Eid, den Du geschworen, heißt: freudiger Mut, da Geist in ihm nimmer verlorengehen kann und außer ihm aber erstirbt. – Nun versteh mich da heraus. – Der Traum leuchtet zu stark in mich herein, als daß ich nicht etwas verwirrt sollte reden müssen. – Ich kehre zurück in tieferen Schlaf; – wo ich's nicht mehr fasse, wie eben, was in mir webt und will. – Wie wär das Wunderbare möglich? – jawohl! wie wär der Geist möglich in der Menschenbrust, ohne alle Sterne? – sie alle leiten ihr Licht in ihn, sie alle sind seine Erzeuger, sie alle richten sich nach ihm, der in der Brust wie in der Wiege liegt, und sind Hüter seines Schlafs; so er erwacht, so nährt er sich von ihrem Geist, schlafend saugt er ihr Licht. Und siehst Du, ich spanne die Segel auf und fahr vorwärts und sprenge die Ketten, die den Hafen sperren, denn mein Wille ist, dem Gott auf offnem Meer zu begegnen, und dieser Wille ist rein und frei von Sünde, so ist er die Wahrheit und kann nicht trügen und wird Gott finden. – Mein Geist wacht noch nicht, er schläft aber doch unter ganz leiser Schlummerdecke, wie ein Kind mit süßem Bewußtsein schläft in der Sonne und fühlt ihren Schein.

Donnerstag

Ich muß Dir alles sagen, alles, was mit luftiger Eile sich mir durch den Kopf schwingt. – Ist mir's doch, als fahren wir auf Wolken dahin und meine Worte verhallen in der Weite, aber ich muß Dir rufen – wie ich Dich dahinschwimmen seh am Himmelsozean, als hätten Dich die Winde aufgerafft – und mich auch, und als flög Dein Wolkenpferd weit vor mir; meine Stimme flattert an Dich heran: Du hörst doch? – so hell der Mond auch scheint im unendlichen Blau der Nacht, das Dich dahinnimmt? – Es gibt nichts wie die Liebe! – doch weißt Du wohl! – Menschen unterscheiden zwischen Lieb und Freundschaft und zwischen besonderer Treue für diesen oder jenen, aber nicht ich und Du? – Was spricht mich an? – das sag mir doch – vielleicht der Dämon – der findet mich hier auf der einsamen Warte und spricht mit mir von Dir? – und lehrt mich beten für Dich. Dich denken, wie Dein Geist sich höher und höher entfaltet, das ist beten. – Und warum wüßt ich von Dir, wie Du bist, nach was du dürstest, warum vernähm ich Dich so tief und fühlte Dein Sein? – Lieb will ich das nicht nennen – wenn's nicht ist, daß ich vor Gott Dich aussprechen lerne? – denn alles Sein ist Geist Gottes, und Geist will sich aussprechen, sich in den Geist übertragen, und die Sprache ist der Widerhall, das Gedächtnis des Seins. Ich spreche Dich aus vor Gott, so ist mein Gebet rein vor Gott, so hat es mich Dein Genius heute gelehrt oben auf der Warte – und hab ruhig, wie Du bist, mit den Sternen überlegt; und dann hab ich Deinen Namen eingezeichnet in den Schnee; und dann den Namen des Königs der Juden, der kindlich zu Gott ruft: Vater! hab ich Dir als Wächter hinzugeschrieben und dies Zeichen von Dir im kalten Schnee; da ist Dein Geist frei von bösem Wahn, da oben in reiner, kalter Luft, die Dich anweht. Und der Geist Gottes über Dir, und der menschgewordne Geist der Liebe Dich umschwebend – daß Du sein mußt – und nicht Dich aufgeben wollend auf dieser leuchtenden Bahn. – Ja, so muß es sein, denn Du bist ein Schoßkind Gottes, denn wenn ich in der kalten Nacht hinaufseh, dann seh ich Dich sanft hinaufschreiten, als sei es Dein gewohnter Weg, und gehest ein und vorwärts, aber Dein Geist verzweifelt nicht. – Leb doch wohl, jetzt bin ich wieder still – und fürchte nichts für Dich – eins will ich Dir sagen von meinen Briefen, ich lese sie nicht wieder – ich muß sie dahinflattern lassen wie Töne, die der Wind mitnimmt, ich schreib sie hin, versteh's, wie Du willst, sie sind ein tiefes Zeichen, wie mein Geist durch den Deinen schreitet und von ihm wieder durchdrungen wird, und sonst ist's nichts. – Und wenn es kein Geist ist, was ich damit mein, so ist's Ton – Geschrei meines Herzens nach Dir hin, es verhallt, oder es dringt bis zu Dir – da denkst Du, das ist der Bettine ihre Stimme, das ruft Dich, auf daß Du im Geist meiner wahrnehmest, wie kann ich anders mit Dir reden, was kann ich Dir zurufen? – Was versteht sich zwischen uns nur allein die Modulation des Gefühls, das andre wissen wir ja alle schon. –

Bettine

### An die Bettine

Du wirst mir doch nicht übel deuten, daß ich mich ein wenig vor Dir fürchte? – und machst mir auch Furcht vor mir selber! – und dann fürchte ich auch für Dich, nimm Dich um Gottes willen in acht, daß Du nicht fällst. Deine Turmbegeisterungen erfreuen mich, aber ich will gewiß sein, daß Du keiner Gefahr ausgesetzt bist, sonst machst Du mich krank; schreib mir gleich, daß Du nicht mehr auf der Mauer herumlaufen willst, sonst kann und will ich nichts mehr von da oben hören, mir war's wohltätig, Deine Stimme von da oben herab, so frei und leicht, wie Wolken jagen, zu vernehmen, aber wollt ich doch, der Turm fiel eines Morgens ein, lieber, als daß Du am End in der Nacht selbst herunterfällst. –

Ich weiß nicht, bist Du das Spiel böser Dämonen? – oder sichern Dich die Guten, so gib ihnen wenigstens nicht so viel zu tun, die bis zu mir dringen, ich soll Dich mahnen, nicht zu freveln. Liegt darin nicht schon der Beweis, daß sie Dich nicht schützen können? – Nehme ich Deine Weissagungen in mich auf und ergrüble das Tonspiel Deines Geistes, in das der Zufall so oft eingreift wie der Wind, der alle Töne auseinandersprengt, und sammle gern, was Du zerstreuest in die Lüfte: so folg mir doch auch – und ich bitte Dich darum, sonst kann ich nicht ruhig denken an Dich; – aber wenn Du es nicht lassen willst, oder wie Du meinst, daß Du es nicht lassen kannst, dann schweig lieber ganz, oder wie soll ich's machen, daß ich die Furcht überwinde, Du möchtest elend und unwillkürlich da hinab ins Grab stürzen.

Du hast eine Bangigkeit um mich, als läge mir was Trauriges im Sinn; das solltest Du ja nicht – es war im Gegenteil ein ganz freier Augenblick, wo alle störende oder zerstreuende Bilder erblaßt waren, wo ich mit hellen Sinnen mein Inneres vor Dir aufschloß. –

Warum ich Dich mahnte, an den Clemens zu schreiben, das will ich Dir hier offenbaren. Du sagst, Du liebst den Clemens, der Idee nach kann ich ihm auch herzlich gut sein, allein sein wirkliches Leben scheint mir so entfernt von demjenigen, das ich ihm dieser Idee nach zumute, daß es mir immer ein wahres Ärgernis ist, deswegen kann ich auch nie eine feste Ansicht über ihn haben – aber in Deiner Liebe zu ihm fasse ich auch wieder Glauben zu ihm und habe eine Art Zutrauen zu einem inneren Kern in ihm, der nur durch allerlei Unarten verborgen und zurückgehalten ist, wie wenn ein gesunder und reiner Born sich teilweise im Schlamm und Sand versickert; nun, mein ich, Dein Schreiben an ihn räumt diese trübenden und schmälernden Hindernisse wohl hinweg, da Du so grade an sein Herz gehest, wo ich vielleicht zu ungeschickt bin, durchzufinden. Es ist nur der Wille, mich selbst besser zu ihm zu stehen und alles, was sich immer durch seine Briefe aufs neue zwischen uns drängte, zu überwinden, warum ich wünsche, daß Du ihn nicht versäumst; dann ist es auch mein Gewissen, was mich auffordert, daß Dich ihm nichts entfremde, denn wenn ich ihn je als treu und aufrichtig fassen kann, so ist's Dir gegenüber; um so mehr muß ihm dies erhalten bleiben, es ist die Quelle, aus der er verklärt aus dem Bad steigt. Hier hast Du seinen Brief an mich, was er von Dir sagt, ist so aufrichtig, natürlich, innig; aber das andre ist um so wunderlicher, daß es mir ganz seltsam vorkam. Ich bestrebe mich immer, wenn ich an ihn schreibe, sehr faßlich zu sein und ganz wahr, allein es ist, als müsse grad dies dazu dienen, die verkehrtesten Ansichten bei ihm über mich hervorzubringen, es war mir, als ich den Brief gelesen hatte, und ist mir noch so, als ob er gar nicht für mich geschrieben sei. – Aber wenn ich ihm das schreibe, so muß ich schon gewärtigen, daß er es für eine künstliche Anstalt halte, obschon ich ihm versichere, daß es ganz von selbst so gekommen, denn er kann sich wohl unmöglich denken, daß sein tieferes Eingehen auf meine Natur, wo er mich lobt und wo er mich tadelt, mir ganz fremd erscheine. – Ich verstehe nur den Augenblick, in dem er mir geschrieben hat; – ich bin überhaupt nie weitergekommen, als seine Augenblicke ein wenig zu verstehen, von dieser Augenblicke Zusammenhang und Grundton weiß ich gar nichts. Es kommt mir oft vor, als hätte er viele Seelen; wenn ich nun anfange, einer dieser Seelen gut zu sein, so geht sie fort, und eine andre tritt an ihre Stelle, die ich nicht kenne, und die ich überrascht anstarre, und die statt jener befreundeten mich nicht zum besten behandelt, ich möchte wohl diese Seelen zu zergliedern und zu ordnen suchen. Aber ich mag nicht einmal an alle seine Seelen denken, denn eine davon hat mein Zutrauen, das nur ein furchtsames Kind ist, auf die Straße gestoßen; das Kind ist nun noch viel blöder geworden und wird nicht wieder umkehren, darum kann ich ihm auch nicht eigentlich von mir schreiben; sein Brief an Dich, über Wahrheit, hat mir viel Freude gemacht, und zugleich seh ich hell, was mir vorher nur dunkel und schwankend war, ich kann ihn viel besser durch Dich verstehen und ihm gerecht sein und auch liebend, wie er es zu bedürfen scheint. Das alles macht mich wünschen, daß, was ich ihm liebend antun kann, durch Dich befördert werde, sprich ihm von mir, wie ich ihm recht natürlich vorkommen muß, daß es sich gut zwischen uns gestalte, denn durch unmittelbare Berührung kann nichts werden.

Savigny hat mir selbst geschrieben, tue mir doch den Gefallen und schicke mir gelegentlich die Übersetzungen ins Französische, von denen er mir gesagt und sie mir auch versprochen hat. –

Und nun möcht ich wohl diesen Raum an Papier hier mit etwas ausfüllen, was Du nicht erwartest, weil es etwas Altes und oft Wiederholtes ist; aber doch liegt es mir auf der Zunge und auch immer im Geist, wenn ich Deine Briefe lese, mit denen mir's freilich ganz anders geht wie mit denen von Clemens, wo ich nur nachsinne und überlege, während ich bei Deinen nur empfinde, und zwar so wohltätig, als käme mir ein Luftstrom aus dem Gelobten Land. Um so mehr wird Dich befremden, wenn ich frage, aber was wird bei Deinem Zwischen-Himmel-und-Erde-Schweben aus der Musik, aus dem Generalbaß, aus der Komposition? – ist es nicht dumm, daß ich so frage? – aber bedenk, wieviel Genuß es Dir schon in Offenbach gewährte, was Du Dir selber und dem, was Dir lieb war, schon zu Gefallen tun konntest, wie wohltätig wirkte es auf Dein Aufbrausen, wie oft beschwichtigtest Du es damit, wie schön versöhntest Du oft Deine Stimmungen in dem Unerreichbaren durch Dein Singen – und was hast Du mir alles selbst beglaubigt, wie tief Musik in Dich eingreife; sollte nun auf einmal dies alles verschwunden sein? oder hast Du nur versäumt, mir drüber zu schreiben? – Lebe wohl, Liebe, und ermüde doch nicht, mir zu schreiben.

Karoline

Deine Kolumbus-Ansicht erfreut mich ungemein und macht mich ganz scharfsinnig – schicke dem Clemens Deine rhythmische Vision, es macht ihm vielleicht Freude, ich empfinde darin mehr lebendige als gemalte Flamme, schon fließt die Abendschilderung und das Ganze aus lebendiger Erinnerung, die prophetischer Sang dem Untergang der Welt ist, und dem neu erblühenden tausendjährigen Reich erwartet. Prophezeit doch Apoll auch aus der Vermählung der Poesie und Philosophie. Ich erinnere mich noch des seligen Übermuts in dem Liede von Arnim: Wie der trunkne Pag' in warmen Nächten in geheimnisvoller Liebe Mantel wohl verkappt der Herrin Lager suchend, taumelnd in die Höhle war geraten, wo die Löwin ihre Jungen säugte.


An die Günderode

Hab ich Dir denn nicht vom Koch erzählt, der mich wöchentlich zweimal kreuzigt mit dem Generalbaßunterricht? – und daß er mir alles korrigiert, was ich komponiere? – er schneidet mir alles zurecht, bis nicht ein Ton mehr, nicht ein Taktteil am alten Fleck sitzt, und wenn er's so weit verputzt hat, daß es sich ausnimmt wie ein geschorner Blumenstrauß, so hängt er ihm noch Manschetten an aus seiner eignen Garderobe. Arnims irdische Lieder werden da heilige Märtyrer unter meinem Musikstudium, und ihre Seligkeit kann ich weder durch Vor- noch Nachspiel ausdrücken und tröste mich damit, daß Seligkeit etwas ist, was nie eines Menschen Ohr gehört hat. – Aber mit meiner Musik geht es im ganzen schlecht, das leugne ich Dir nicht, das ist aber nicht far niente, es ist unüberwindliche Schweigsamkeit in meiner Kehle, ich muß vermuten, daß es für die Menschenarten wie die Vögelarten gewisse Zeiten gibt im Jahr, wo sie den Drang zum Singen haben. In Offenbach, das war im Juni und Juli, da wacht ich gleich mit Singen auf, und abends stieg ich immer hoch, wie die Vögel in den besonnten Gipfel fliegen, um der scheidenden Sonne nachzusingen, da war der Taubenschlag meine Tempelzinne, da kamen mir Melodien, sie entsproßten aus leiser Berührung zwischen Ton und Gefühl, sie lösten die Fesseln dem, was in meiner Brust wie im Kerker schmachtete, dem gaben sie Flügel auf einmal, daß es sich heben konnt und ganz frei ausdehnen. – Ich hab oft darüber gedacht, daß Musik so leicht und gleichsam von selbst sich melodisch ins Metrum füge, die doch vom Verstand weit weniger erfaßt und regiert wird wie die Sprache, die nie ohne Anstrengung das Metrum des Gedankens ergründet und entwickelt. Die Melodie, die so in der Singezeit aufliegt, in sich fertig gebildet der Kehle entsteigt, ohne von dem Geist gebildet zu sein, ist so überraschend, daß sie mir immer als Wunder erscheint. – Ist die Sprache eine geistige Musik und noch nicht vollkommen organisch gebildet? – sollen vielleicht Gefühl, Empfindung, Geist ineinander durch die Sprache der Poesie organisch verbunden werden als selbständige, wirkende Erscheinungen? – haben Gedichte nicht geistige Verwandtschaften? nicht Leidenschaften? reißt ein Gedicht nicht das andre mit Flammenglut an sich, sind Dichtungen nicht bloße Begeisterung, heiße Leidenschaft füreinander? – Spricht ein Gedicht Liebe aus, dann muß es ja in sich liebend sein – es entzündet ja! – Ich muß ja jeden Gefühlschritt, jeden Atemzug mitleben, ich lieb ja so heiß wie die gedichterzeugende Begeisterung der Liebe.

Es wär Frevel, wollt ich dichten, weil ich den Wein trinke und im Rausch den Gott empfinde, weil der Vergötterungstrieb des Geistes mich durchschauert. Ich kann's nicht erzeugen, das Göttliche, so sag ich Dir, und doch – es ist mir gewiß, daß ich es inbrünstig liebe und es auch im einfachsten Keim erkenne, aber ich selbst werd nicht Lieb erzeugen, so wenig als ein Gedicht, ich fühl's, und es liegt auch ein geheimer Widerspruch in mir, daß ich nicht gestört sein will in der inneren Werkstätte meines Geistes durch Gegenliebe. Es begegnet mir aber nichts oder wenig in der Menschenwelt, was einfach genug ist, was ganz reiner Lebenstrieb ist – was mich rührt wie der Grashalm – die frischen Spitzen der Saat, ein Vogelnest, mit Treue gebaut, das Blau des Himmels! – das alles ergreift mich, als ob's menschlich wär; und inniger wie das Menschliche, und die Entzückungen, die es mir erregt, von der Natur berührt zu sein, sind, als ob es eine mich mitfühlende Gewalt berühre, und das wird wohl der liebende Inhalt meiner Seele sein und nichts andres.

Es wird Dichtung meiner Natur sein, daß ich so liebe – aufnehmend, hingebend, aber nicht aufgenommen werdend. – Drum! es ist die Liebe, die dichtet den Menschengeist und des Gedichtes Inhalt, ist Liebe ohne Gegenliebe – die höchste elektrische Kraft! – Geistestrieb! – – der meinige! – –

Vielleicht sind Naturen Gedichtkeime, die sollen ohne Fehl sich entwickeln, und ist das ihr einziger Beruf. Ich wollt, ich sproßt aus einem großen Dichtergeist, der allerhaben fühlt und menschlich doch auch; – keine üppige, schwärmende Aufregung, nein, süße Naturkraft, selbst bewußte – gefühlige – die aus Innigkeit mich erzeugte – aus beglückendem Reiz des Frühlingslichts! Ja, ich wollt, ich wär kein schlecht Gedicht. Gedrängter quellet, Zwillingsbeeren, und reifet schneller und glänzendvoller! Euch brütet der Mutter Sonne Scheideblick, euch umsäuselt des holden Himmels fruchtende Fülle; euch kühlet des Mondes freundlicher Zauberhauch, und euch betauen – ach! – aus diesen Augen, der ewig belebenden Liebe vollschwellende Tränen. Dies Gedicht, ist mir's doch als sei ich es! so reifend unter den Berührungen der Natur und unter den Tränen des Dichters. Und wie oft hab ich in der Singezeit dies Lied gesungen und mich ganz drin gefühlt, die wachsende Beere, die der Tau der Liebesträne nährt, der nicht ihr geflossen ist.

Montag

Gestern waren wir in der Elisabetherkirch, der Reif um den Turmknopf war von der Sonn zum Diamant umgeschmolzen, in allen kleinen Rosetten hingen Diamanttropfen; und der Kreis von Rosen, der um die Pforten in Stein sehr fein gemeißelt ist, war ein Diamantkranz! Die Kirch sah aus wie im Brautschmuck. Auf dem Kirchhof spielten die Wipfel im spiegelnden Geschmeide. Die Kirch, von der Wintersonne außen so herrlich geschmückt, war so still innen, so einsam helldunkel, und der Teppich, von den heiligen Händen der Elisabeth gewebt, lag vor dem Altar, erblaßt von Farben ohne Prunk, nicht dem Aug erfreulich, nur der Seele rührend; und da sah ich mich um, daß nur ein blinder Mann an der Tür saß, sonst war die Kirch leer. Da fühlt ich mich elektrisch berührt, wie's der Geist der Poesie mir tut. >Herbstgefühl?< ja – sollt ich meinen Erzeuger nicht lieben? – Die ich im Tau seiner heißen Tränen mich wachsend fühl! – es beredet mich in der Einsamkeit der Geist der Poesie, wenn der Mond mich anhaucht da oben in den Nächten und die Luft spielt um mich, dann fühl ich den Dichter über mir, der um Gedeihen für mich fleht zu ihnen und gibt die vollschwellende Träne hinzu. Nur den Zwillingsbeeren, die frisch und kindlich zu ihm aufstreben, keinem andern schenkt er der ewig belebenden Liebe Tau, so kann ich ja nichts anders sein wollen als die herbe Traube, die milde reift von seinen Feuertränen; ich hab mir's einmal so gesagt und sage mich nicht davon los, wie es auch mein inneres Sein ausspricht und mein Schicksal unter den Menschen.

Es ist ein großer Unterschied zwischen den Geistern der Poesie. Manches ist die Natur selbst, die mit deutlichen, sinnlichen Worten mich anredet, manches ist vom Genius nach allen Richtungen geprüfter Geist, der, in der Unsterblichkeit einfachem Stil, die Seele beruft, daß sie den Göttern den Herd weihe und mir immer des Göttlichen gedenke – der Genius bleibend werd ein ihr in großen Gestalten heilig kühner Gedanken. Und so sind viele Bewegungen im Geist gar verschieden, als könne die Poesie die Seelen rühren wie Saiten, die erbrausen im Feuer und wieder still und schüchtern aufblühen, wie Keime, die sich umsehen im Lebenslicht, neu geboren, nicht begreifend dies Leben, aber zum Leben vereint. Wenn ich Dir dies sagen könnt, was mich ohnmächtig macht, daß ich schüchtern werd und mich wehre gegen den Eindruck, als müsse ich ihm mein Ohr versagen, und ihm doch heimlich lausche, weil's mich hinreißt, und weiß nicht, ob's der Klang ist oder der Inhalt, und wie beide wechselnd mich bewältigen und wie ich – ja, ich will Dir's sagen: – Ein göttlich persönlicher Geist dringt auf mich ein, den ich lieben will, lieben muß ich im Gedicht, daß ich herzzerrissen bin von großer Wehmut. – Nein, mehr! – Tiefer geht's: – daß ich ausbrechen muß in ein schmerzlich Ach. – Und wenn ich's nicht fühlte, dies Geistige, Persönliche in der Dichtung – über mir schwebend, wie beglückt über seinen Triumph, ich glaub, ich müßte wie wahnsinnig ihm nachirren – aufsuchen und nicht finden – und wiederkommen und mich besinnen und vergehen dran; und das ist der Goethe, der so wie Blitze in mich schleudert und wieder heilend mich anblickt, als tuen ihm meine Schmerzen leid, und hüllt meine Seele in weiche Windeln wieder, aus denen sie sich losgerissen, daß sie sich Ruhe erschlummere und wachse, schlummernd – im Nachtglanz, in der Sonne; und die Luft, die mich wiegt, denen vertraut er mich, und ich mag mich nicht anders mehr empfinden zu ihm als in diesem Gedicht, das ist meine Wiege, wo ich mich seiner Teilnahme, seiner Sorge nah fühle und seine Tränen der Liebe auffang und mich wachsend fühle. – Du hast gesagt, wir wollen ihn sehen, den Großen, Wolkenteilenden, Ätherdurchglänzenden, und ich hab gesagt, ja, wir wollen ihn sehen! – aber wie ich's gesagt hatte, aus Liebe und Mitfühlen mit Dir, da wurd ich eifersüchtig und weinte zu Haus in der Einsamkeit bittere Tränen, weil ich's gesagt hatte: wir wollen ihn sehen! – und das kommt daher, weil er so lange schon mächtig mir die Seele besaitet hat und dann hineingreift, sturmaufregend, und mich sanft wieder einlullt wie ein Kind – und ich bin gern das Kind, auf dem sein Blick befriedigt weilt. Und wär ich nicht genährt von der Natur und wie es aus tiefster Brust ihm hervorquillt! – wie könnt ich sein, wie ich bin? – und weiter will ich doch nichts sein. Und ich weiß gewiß, und nicht alle sind geeignet wie ich, daß der Geist persönlich aus der Dichtung hervor über mir walte und mich reife in seiner geheimsten Seelentiefe vollschwellendem Übermaß. Aber sag Du! wie könnt ich atmen und ruhen und keimen, wär's nicht in jener Wiege seines Gefühls, im Gedicht? Und nicht wahr, ich lieg wohl gebettet, und kannst mir's nicht süßer wünschen? ja, Du verstehst es, wie ich's meine; in den >Manen< hab ich mich zurechtgefunden in Dir, daß Du alles Leben verstehst, und viel tiefer! – denn ich empfinde nur, was Deines Geistes Spur Dir lehrt, Du aber weißt alles.

Du sagst selbst, wo kein Wunsch uns hinzieht, das ist für uns verloren, und man hält wohl für unmöglich, was nur des Begehrens bedürfte, um wirklich zu sein. Und seit Du es mir gesagt hast – und Du sagst, Harmonie der Kräfte ist Verbindung – so hab ich mir's denn getraut, weil ich ihn liebe, so nehm ich alles willig hin, Schmerz und Entzücken; – denn es ist immerdar Entzücken, ihn empfinden! – denn er schenkt mir's, ihn zu fühlen, wie er aus seiner Dichtung Blüte mich anhaucht, das will er, das beglückt ihn – daß ich erschüttert bin, das begeistert den Dichtergeist, und andre kennen nur die verschloßne Knospe, mir aber öffnet sich die Blüte, und das nimmt mich weg! – drum bin ich ihm allein und er mir allein! und die ganze Welt mag sich seiner teilhaftig meinen, ich weiß, daß es anders ist, und muß drauf beharren, denn sonst verzehrt mich die

Eifersucht. – Und Du hast gesagt, ›das Aufheben dessen, was eigentlich diese Harmonie ausmachte, müsse auch notwendig diese Verbindung aufheben.‹ Das wird mir nicht geschehen. Du sagst, ›das Geräusch der Welt, das Getrieb der Geschäfte, die Gewohnheit, nur die Oberfläche zu berühren, die lassen dieses tiefste und feinste Seelenorgan nicht zur Ausbildung kommen.‹ – Was spricht mich denn an in dem Geliebten? – fühl ich denn nicht das Große und Gewaltige, was viel höher ist als ich selber? – ja, was mir höher oft vorkommt als der Geliebte selbst; und ist es nicht dies, dem ich nachgeh? – und erscheint dieses Gewaltige mir nicht auch ganz allein außer ihm? – und ist das nicht die Erinnerung an ihn und zugleich auch noch jene höhere Erscheinung, von der Du sagst, daß sie sich durch die Harmonie mit ihr offenbare? – und kann ich ihm untreu sein in dieser, wenn ich mich der hingebe? – und ist es nicht immer dasselbe, was Begeisterung zu erregen vermag? – Ach nein! man kann in der Liebe nicht untreu sein, nur außer ihr. – Ich fühl's an der Heiterkeit, die mich beflügelt, daß in der Begeisterung keine Untreue ist. – Ich weiß von keiner Untreue und glaube oft, ich versündige mich an was ich liebe, wenn ich nicht alles liebe. Es sind Dinge (Naturen, Geister), die muß ich lieben, weil sie mich nähren, wie die Pflanze vom Licht, vom Wasser, von Erde und Luft sich nährt. Alles, was mich begeistert, ist mir der Sonne Strahl.

Wenn die Sonne eine Blume durchglüht, da fühlt man wohl, daß sie die herablassende ist und daß die Blume von ihr mit heißer Leidenschaft zehrt. Wer sollte das nicht Liebe nennen, und ob die Sonne Gegenliebe genießt, wer weiß das? – ja, wer weiß, ob die Blume ihr wiedergibt? – Du weißt wohl, wenn die Sonne recht heiß brennt, dann duftet keine Blume, aber abends, wenn sie scheidet, dann duften ihr alle Blumen nach, und morgens, wenn sie kommt, dann duften ihr alle entgegen. – Ob das bis zur ihr hinaufsteige? – das frag ich mich, danach sehn ich mich. Und Du sagst, wonach der Wunsch uns hinziehe, das wird möglich, und das glaub ich Dir; gewiß steigt der Blume Duft zur Sonne; sind ihre Strahlen nicht Gefühlfäden? – kann mich was Lebendes berühren, ohne daß ich's wieder berühre? – sind ihre Strahlen nicht Saugrüssel, mit denen sie aus den Blütenkelchen den Duft saugt? – Und der Dichter, der sich durch seiner Begeisterung Strahlen die Blumen erschließt, saugt der nicht ihren Duft? – ist's Begeisterung nicht, wenn vor der Geistessonne die Wolken sich teilen und sie strahlt die Knospe der Seele an? – Ei, darum duften eben die Blumen nicht, grade wenn die Sonne auf ihnen liegt, weil sie dann mit ihren Strahlenlippen alles selbst trinkt. Nach einem Gewitter, da duftet alles. – Dann kommt sie eilig und wirft sich über sie her, und bald trinkt sie alle Kelche aus, wo denn der Duft nur in ihren Strahl übergeht; – und wenn sie scheidet, dann duftet ihr alles noch nach, und der Duft zieht nach über die Berge; denn wenn man bei Sonnenuntergang auf einem Berg steht, da fühlt man den Balsam aus den Tälern heraufsteigen, der Sonne nach; – das ist am Mittag in der heißen Zeit nicht, weil da die Sonne bis hinunter steigt und alles allein trinkt; so ist es zwischen beiden wie zwischen Liebenden – so können wir auch nicht an ihrer Seligkeit zweifeln. – Nun ist noch die Erde und das Wasser, die nähren noch die Pflanze, diese hält sie in ihrem Schoß, und jenes kommt zu den Wurzeln gedrungen und fällt vom Himmel herab auf sie; sie verwandeln ihre feinsten Nahrungskräfte, das Heilige ihrer Natur in eine sprechende Erscheinung. – Sind vielleicht Blüten und Kräuter Worte? – Sprache, in der die Gefühl , der Geist der Erde, des Wassers sich deutlich machen? – Ist der Duft der Blumen, ihr Schmelz, wohl das Sehnen der Erde – die Begeisterung des Wassers, die in den offnen Kelchen Freiheit hat, aufzusteigen zur Sonne, zu dem, was sie lieben? – Die dunkle Erde stößt aus dem Innersten ihre duftenden Seufzer auf aus den Kelchen ihrer Pflanzen, die aus ihrem Busen aufblühen, hinauf in die fessellose Freiheit. – Das Wasser, das von seinen kräuselnden Wellen sich immer weiter treiben läßt, hier in der Blume Stengel, im Saft des Baumes, gemischt mit allen Kräften der Natur, steigt, nimmt Gestalt an, wird zum Geist, zum Wort, das die Andacht seiner Triebe aushaucht. – Was ist denn aber die Luft? – ist die nicht Vermittler zwischen allen? der Genius der Welt, der leitet, Leben gibt, ewig den Geist durchatmet? – Was ist aber Geistesatem? – ist der nicht Erkenntnis, Streben, emporzusteigen, sich abzulösen vom Mutterschoß und aufzusteigen zum Geist? ist Atmen im sinnlichen Leben nicht dasselbe? – drängen sich die Gefühle nicht in Seufzern auf? – Ohne dies ewige Einsaugen des himmlischen Elements kann der Leib nicht leben, und der Geist stirbt jeden Augenblick ohne jenen leitenden Genius, der sein eigentlicher Lebensatem ist. Die Luft ist der Genius des Lebens, sein höheres Ich, so wie Wasser und Erde seine Erzeuger sind. – Die Luft ist Vermittlerin zwischen dem göttlichen Liebesfeuer und dem jungen kindlichen Streben danach, küssen die Strahlen zu heiß, dann kühlt sie mit sanftem Wehen und erleichtert den verhaltnen Lebensatem; wie doppelt schlägt das Herz, wenn ihr Strom rascher eindringt! – – wie ganz gibt sich ihr das Leben hin, wenn es von mächtigeren Regungen bewältigt wird. Ja, ihr allein vertraut es sich, wenn es von sich selber nicht mehr weiß, sie umlebt das Erstorbene, bis Leben eindringt wieder, mächtiger und gewaltiger wie früher. So fühl ich deutlich, wenn mein Geist erstarrt war, es ist Genuß zwischen mir und der Gottheit, der mich weckt, die Luft, die mich nährt und erhält, ohne welche Geist erstorben wär, nie der Seele könnt Nahrung bringen, von oben. – Ja, alle Offenbarung ist die Geistesluft, die ihn durchatmet, ohne welche er nicht leben kann einen Augenblick, sondern müßte ersticken, und ob er schläft oder wacht, so atmet er doch immer den Genius, die Luft. – Ich bin so glücklich, Günderode, wenn ich hier auf den Bergen stehe und der Wind braust, daß er mich davontragen will – dann muß ich lachen vor Mutwillen und denk, ob mich der Geist doch auch versucht zu heben und mit mir aufzufliegen. –

Die Sonne hat einen heißen Schein, mit dem sie brennt, so hat der Geist auch ein heißes Licht, das brennt, wohin es leuchtet.

So kam heut einer nach dem andern zum Beichtstuhl geschlichen in der Kirche, und der Pater, der Beicht saß, guckte mich an, ob ich nicht auch kommen wollt? – und aus Blödigkeit geh ich in den Beichtstuhl und beicht, daß ich mich immer verwundern müsse, warum die heiligen drei Könige das göttliche Kind nicht in ihren Schutz genommen haben, sondern haben es im Stall liegenlassen und wären doch überzeugt gewesen, es sei Gottes Sohn, da noch obendrein ein Stern sich am Firmament aufgemacht, um sie hinzugeleiten, sie hätten das Kind sollen mitnehmen in ihr Land. Und doch wären sie weitergezogen, das käme mir nicht vor, als wenn sie heilig wären, sondern zerstreute Weltleute; der Beichtvater sagte: »So ist der Weltlauf, sie haben ihre Geschäfte gehabt wie heutzutag auch. – Aber«, sagte er, »das braucht man nicht zu beichten, das sind Sünden, wie für die Katz vom Tellerchen zusammengekratzt, da gibt Gott keinen roten Heller davor. – Da bet sie ein halb Vaterunser zur Buß oder meinetwegen ein viertel.« – Und wie ich aus der Kirche kam, in die frische Luft, da war's schon drei Uhr vorbei, die Sonne wollt schon bald untergehen. Da kam ich auf den Turm und besann mich, daß ich Dir wollt alles beichten, wie ich Eifersucht gegen dich gehabt und hatte Dir nicht wollen gönnen, daß Du mit mir zugleich bei ihm wärst, ich wollt ganz allein mit ihm sein. Aber jetzt bin ich dieser Sünde los, und im Denken teilt sich alles Böse wie Nebel vor den Augen, daß man sieht, es war nur Wahn; alles, was nicht Großmut ist, das ist nur Wahn. Denn ich mein, der Dichter ist meine Sonne, so bist Du die Luft, die das Böse um mich her verweht und meinen Geist aufsteigen lehrt. Wie kann ich ohne Dich bestehen vor ihm? So mag wohl jeder Menschengeist von Elementen genährt werden, die einer dem andern sein muß, und merk Dir's, daß Du meine Luft bist, ohne die ich nicht aufatmen kann auch nur einmal.

Bettine

An die Günderode

Dem Clemens hab ich geschrieben, einen langen Brief, und ihm auch von Dir gesagt, daß Du ihm gut bist und daß ich Dir lange Briefe schreibe, auf die Du nur kurz oder auch wohl gar nicht antwortest. Ich hab ihm erzählt, ich spreche zu Dir wie zum Widerhall, um mich zu fühlen, zu hören, und lege meinen Gedanken und Einbildungen keinen Zaum an; und daß es sei, als ob ein guter Genius diese Briefe hervorbringe; – so antwortet er: >Um deine Briefe ist die Günderode zu beneiden, wenn sie das sind, was dein Genius hervorbringt, wenn sie aber so wenig antwortet, so ist das gar wunderlich, entweder ist nichts zu antworten oder alles schon abgetan.< –

Heute schreibt er mir den langen Brief über Dich, ich hab doch recht, er hat Dich lieb und hat Dich nicht wollen beleidigen, und seine Seelen alle sind doch nur eine gute, denn bist Du ein Kind, so ist er es auch zu Dir; aber Kinder lassen sich nicht drauf ein, empfindlich zu sein, sie sind gleich wieder gut und lassen den Strom vom Ufer wegspülen die Spielzeuge, die sie einander zerbrochen haben, und erfinden sich neue, ergötzlichere. Lese den Brief nicht mit Vorurteilen und denk, daß es neckende Stimmen sind in ihm von Kobolden, die ihm oft selber einen Streich spielen, aber die Seele – die eine gütige, die sie umschwärmen, die ist doch ein Kind wie Du, und was ein freier, himmelanstrebender Geist nicht in noch höherem Sinn nimmt als er selber ist, das ist für ihn kleinlich, und was kleinlich ist, das muß man gar nicht annehmen, sonst lernt man die Wahrheit nicht begreifen – Und ich denk: von allen Geschichten des Herzens und der Seele Berührungen geben wir den Leitfaden der Gottheit in die Hand, die leitet immer zum richtigen, unmittelbaren Verstehen. – Und wenn Du mißverstanden wirst, so sieh doch nur den Gott selber an in der Liebe, gegen den kannst Du alles wagen, denn der muß Dich verstehen. – Ich geh Dir Lehren, Günderode, die Dir nicht fremd sind, besinn

Dich, auf dem Rhein, wie wir unsern Briefwechsel besprachen, da sagtest Du, es sei eine Seele, die uns mit Liebe an sich ziehe in jedem Verhältnis, es müsse eine Zeitigung erlangen in uns, sonst sei es Untreue, Mord, Ersticken eines göttlichen Keims. – Und wo eine Anziehungskraft sei, da sei auch eine Strebekraft, und wir sollten ihre Empfindung festhalten, dadurch allein könne die Seele wachsen, jede Berührung mit des andern Geist sei bloß Seelenwachstum, so wie alles Reizerweckende bloß sei wie das Erwecken und Entfalten des Pflanzenlebens. – Der Menschengeist bereite sich auf die jüngste Stufe der Natur, auf die der Pflanze, während der Leib auf der letzten stehe, auf der des Tieres, der Leib ersterbe, aber im Geisterreich sei des Geistes erste Metamorphose die Pflanzenwelt. – Du meintest da, ich sei zerstreut und höre auf die Waldhörner am Ufer, nun hörst Du, daß ich doppelte Ohren hab und daß ich alles nicht allein für mich gehört hab, sondern auch für Dich, denn Du hast es vielleicht schon vergessen. – Du sagtest, Du liebst Dich selbst in mir; so lieb Dich doch auch selbst im Clemens; – ich weiß nicht, was ich Dir all sagen möcht. – Erzieh Dir ihn doch, wie Du ihn haben willst, wie Du fühlst, daß er sein müßte, um Dich nicht zu kränken, zu eben dem Leben, das Du ihm der Idee nach zumutest, es ist gewiß das wahre, was ihm zukommt, und Du selbst sagst ja damit, daß Du ihn der Idee nach höher stellst wie die andern, diese Idee ist ja doch der eigentliche Wirkliche, und denk doch an die andern, die Du der Idee nach gar nicht wohin stellen kannst, sondern mußt sie lassen, was sie sind. Und wenn Du einen Spielkameraden fändest mit so herrlichen großen Augen, mit so elfenbeinerner Stirn, und er hätte solche Momente, wo die Götter aus ihm prophezeiten, aber er wär unartig und tückisch im Spiel, er biß Dir in die Hand und kratzte Dich, wenn Du ihn streichelst, oder er schlüg Dich mit der Peitsche, wolltest Du bloß ihn als einen tückischen Knaben achten und wolltest die frühere Idee von ihm aufgeben? – so ließest Du ihn also laufen wegen einem Rippenstoß, den er Dir gab, und wolltest von der höheren Idee nicht mehr Notiz nehmen? – ach, laß Deine Rippen nicht so empfindlich sein! Tut's doch Gott nicht! – Er hält sich an das Hohe im Menschen, und alles andre ist nicht für Gott da. – So soll auch alles nicht für Dich dasein wie bloß das Gute, und wenn es Dir auch gar nicht mehr aufleuchtet, so sollst Du dennoch von ihm wissen und dran glauben. –

Entlasse ihn nicht, liebe Günderode, kämpf Dich mit ihm durch, der die Idee in sich trägt, die Du ihm zumutest und die so hoch ist, daß er hinter ihr zurückbleibt; denn die andern tragen gar keine Idee in sich und bleiben nicht zurück und kommen nichts vorwärts. –

Da hab ich mich so vertieft in Gedanken, daß ich einschlief, es geschieht mir so oft, daß ich einschlafen muß im besten Denken, wenn ich eben empfinde als wolle ein tieferer Geist in mir wach werden, wo ich höchlich gespannt bin zu erfahren, was sich in mir erdichten will, und statt daß es in mir erwacht, so muß ich drüber einschlafen, als ob eine idealische Natur mir nicht wolle wissen lassen, wie sie in mir denkt und empfindet. –

Es ist ein Zauberer in uns, der sieht uns streben nach seinem Wissen, der macht all mein Streben zunichte; wenn ich nah bin und die Offenbarung schon durchschimmern seh, so schläfert er mich ein. – Ich lese jetzt zum zweitenmal den >Wilhelm Meister<; als ich ihn zum erstenmal las, hatte mein Leben Mignons Tod noch nicht erreicht, ich liebte mit ihr, wie ihr waren die andern in der Geschichte des Buchs mir gleichgültig, mich ergriff alles, was die Treue ihrer Liebe anging, nur in den Tod konnt ich ihr nicht folgen. – Jetzt fühl ich, daß ich weit über diesen Tod hinaus ins Leben gerückt bin, aber auch um vieles unbestimmter bin ich, schon so früh drückt mich mein Alter, wenn ich hier dran denke. – Ich hab mit ihr empfunden, ich bin mit ihr gestorben damals, und jetzt hab ich's überlebt und sehe auf meinen Tod herab. – Gewiß stirbt der Mensch mehr wie einmal, mit dem Freund, der ihn verläßt, muß er sterben, und wenn ich mit jenem Kind leiden und sterben mußte, weil ich sein Geschick als das meine in ihm empfand und weil ich es zu sehr liebte und konnte es nicht allein in den Tod gehen lassen. – Wenn Du das alles überlegst, so wirst Du nachsichtig sein, daß ich so furchtsam bin um Dich.

Ich hab auch jetzt schon lange wieder nichts von Dir gehört, auf den Klausner kann ich mich nicht verlassen, von Dir will ich keine Briefe fordern, Du hast viel zu denken, und vielleicht Deine Augen sind leidend, aber doch bin ich immer voll Sorgen, wenn ich an dem Tag keine Briefe von Dir hab, wo ich mir's in Kopf gesetzt hab; dann steigert sich's bis zur Angst, wenn noch ein Posttag vergeht, und dann hilft mir's nur, wenn ich in der Sternennacht auf der Warte an Dich denke, da trau ich's meinem Geist seinem mächtigen Willen zu, daß er Dich schütze. Die Nächte waren so tiefer Schnee gefallen, daß ich mir erst am Tag einen kleinen Pfad zum Turm schaufeln mußte, denn solang ich vermag, wird mich nichts abhalten, daß ich da hinaufgeh und in Gedanken zu Dir dringe und für Dich bet, bis ich wieder bei Dir bin. – Im Rheingau hast Du mir auch geschrieben, nur kurz, weil Du Augenweh hattest, aber ich las doch in den zwei Zeilen, wie Du gestimmt warst, zutunlich.


An die Bettine

Deine Briefe haben mir viel Freude gemacht, zweifle nicht daran, liebe Bettine, weil ich Dir selbst so sparsam geschrieben habe, aber Du weißt, viel denken und oft schreiben ist bei mir gar sehr zweierlei; auch hab ich die Zeit schrecklich viel Kopfweh gehabt.

Du schreibst mir gar nichts von Gundel und Savigny, tue es doch.

Ich stelle mir Eure Lebensart recht still, vertraulich und heimlich vor. – Aber ich fürchte nur, Du kommst wieder zu gar nichts. – Dem Klausner hast Du geschrieben, Du treibst Mathematik mit einem alten Juden, und vielleicht werdest Du auch Hebräisch lernen, Du habest schon einen Teil vom ABC inne – mit der Geschichte treibst Du Dich herum wie ein Kätzchen mit einem Spielball, der am Faden hängt; Du wirfst ihn hin und her, solang es dich ergötzt, und dann läßt Du ihn müßig liegen; was Du über Musik vorbringst, ist lauter Larifari, meinst du, wenn etwas schlecht gelingt und sich gegen den Geist sträubt, das sei ein Zeichen, daß man es aufgeben solle? – da bin ich grade der entgegengesetzten Meinung, und wenn auch etwas Dir trivial erscheint, so ist deswegen die Sache es gar nicht, sondern Dein Begriff ist nicht gelichtet; an was willst Du Deine Kräfte üben, wenn nicht an dem, was Dir noch schwer dünkt? – ich glaube, so manches, was Du Dir jetzt fremd glaubst, würde seine innere Verwandtschaft zu Dir geltend machen. – Du hast Wissenstrieb ohne Beständigkeit, Du willst aber alles zu gleicher Zeit wissen, und so weißt Du keinem Dich ganz hinzugeben und setzest nichts recht durch, das hat mir immer leid an Dir getan. – Dein Eifer und Deine Lust sind keine perennierenden Pflanzen, sondern leicht verwelkliche Blüten. Ist es nicht so? – sieh, darum ist es mir gleich fatal gewesen, daß Dein Lehrmeister in der Geschichte Dich verlassen hat, die Begebenheiten unterstützen ordentlich Deinen natürlichen Hang, noch dazu, da er so geistreich und so faßlich und – so liebenswürdig sein soll – so nehm ich es ihm übel, daß er nicht mehr Interesse an Dir nahm. Übrigens muß ich Deine Ausschweifungen im Lernen wieder tragen; es wurde mir im verwerfenden

Ton mitgeteilt, und ich merkte, daß meiner Verwundrung hierüber und daß ich nichts davon gewußt habe, nicht Glauben beigemessen wurde.

Von Clemens weiß ich nicht, ob ich wohltun würde, ihm so nachzugehen, wie Du es meinst, es läßt sich da nicht einbiegen und ihm in den Weg treten, um ihm zu begegnen, wo ich ihm aber begegnen werde, da sei überzeugt, daß es nur friedliche und herzliche Gesinnung sein wird, ich bin weit entfernt, ihn aufzugeben, er steht mir vielmehr zu hoch für meine Kräfte, die nicht an ihn reichen. Mein Tadel ist, daß er diese hohen Anlagen alle vergeude, aber ich glaube Dir, daß dies kleinlich von mir ist, und hab mich auch schon gebessert. Ich weiß nicht, ob ich so reden würde, wie er meinen Brief in dem seinigen reden läßt; aber es kommt mir sonderbar vor, daß ich zuhöre, wie ich spreche, und meine eignen Worte kommen mir fast fremder vor als fremde. – Auch die wahrsten Briefe sind meiner Ansicht nach nur Leichen, sie bezeichnen ein ihnen einwohnend gewesenes Leben, und ob sie gleich dem lebendigen ähnlich sehen, so ist doch der Moment ihres Lebens schon dahin; deswegen kommt es mir vor, wenn ich lese, was ich vor einiger Zeit geschrieben habe, als sähe ich mich im Sarg liegen, und meine beiden Ichs starren sich ganz verwundert an.

Mein Zutrauen war freilich kein liebenswürdiges Kind, es wußte sich nicht beliebt zu machen, nichts Schönes zu erzählen, dabei flüsterten ihm die Umstehenden immer zu: Kind, sei klug! gehe nicht weiter vorwärts, der Clemens wird dir plötzlich einen Streich spielen und dir die Schuld geben, daß er dich nicht mehr ausstehen könne. Da wurde das Kind verwirrt und ungeschickt, es wußte nicht recht, wie man klug sei, und schwankte hin und her, darf man ihm das so übelnehmen? – Aber eigensinnig ist das Kind nicht. Wenn es im Hause freundlich und gut aufgenommen wird, kehrt es sicher lieber um, als daß es länger auf der Straße verweile.

So kannst Du dem Clemens über mich berichten, auch daß seine Scherze über meine Art zu schreiben und die ungefügen Worte, die ich gebrauche, mich nicht verdrießen, ich muß mich bei dieser Stelle seines Briefs immer auslachen und werde das Wort Ratschläge gar nicht mehr gebrauchen können, überdem erinnert es mich auch noch an Purzelbäume. –

Ich kenne wenig Menschen und vielleicht niemand ganz genau, denn ich bin sehr ungeschickt, andre zu beobachten. – Wenn ich daher einen

Moment verstehe in ihm, so kann ich von diesem nicht auf alle übrigen schließen. Es mag wohl sehr wenige Menschen geben, die dies können, und ich wohl mit am wenigsten. Jetzt denke ich, es sei gut, den Clemens zu betrachten, und erfreulich; und er will, man solle ihn nur betrachten wollen. Ist diese Ansicht wahr oder falsch?

Karoline

Ich lese Deinen Brief und den meinen und erkenne, wie verschieden unsre Stimmungen sind, aber ich fürchte nicht, daß Du an mir zweifelst oder mein Übergehen unrichtig auslegtest; was soll man dazusetzen oder einfallen wollen, wo sich etwas frei und wahr ergibt, wie Deine Mitteilungen, aber das, was Du übergehest, das muß ich berühren. Du kommst mir vor wie ein Eroberer, der alle Waffen verschmäht aus Heldenmut, der alles verachtet, was ihn schützen, verteidigen könnte und jede Waffe, die er zum Erobern bedarf; ja, ich glaub, das Hemd möchtest Du abwerfen. Doch sind Wissen, Begreifen, Lernen nicht allein die Armaturen des Geistes, sie sind vielmehr seine Glieder, mit denen er sich wehrt und sich aneignet, was seinem Genie zukommt. Bedenk's alles und neige meinen Lehren ein herablassend Gehör. –

Deine Beichte hab ich mit Sanktion angehört und erteile Dir Absolution und verspreche Dir auch, Dich zu begleiten, wenn Du Deinen Erzeuger aufsuchst. Ich werde wohl nicht die erste Rolle übernehmen müssen bei dieser Überraschung langgehegten Begehrens. Schreibe mir ein bißchen ordentlich über das Chaos Deiner Verwirrungen.


An die Günderode

Die Frankfurter haben mir geschrieben und haben mich schon ausgepelzt mit allerlei verwunderlichen Prophezeiungen. – Erstens: ich soll mir häusliche Tugenden angewöhnen. Zweitens: wo ich einen Mann hernehmen will, wenn ich Hebräisch lern? – So was ekelt einen Mann, schreibt der lieb gut Engels-Franz, als wie die spartanische Suppe; an einen solchen Herd wird sich keiner niederlassen wollen, und eine Schüssel Mathematik, von einem alten schwarzen Juden asseisonniert, sei auch nicht appetitlich, darauf soll ich mir keine Gäste einladen, und der Generalbaß als Dessert, das sei so gut wie eingemachten Teufels-Dr... – Das wär eine schöne häusliche Tafel etc., und man spotte meiner allgemein, daß die Lullu eher geheiratet habe, und dann meint er ganz gutherzig, daß, wenn ich ebensoviel häusliche Tugenden geäußert hätte, ich gewiß auch einen Mann bekommen haben würde. – Ich schrieb ihm, er soll nur immer mitspotten, denn es sei jetzt nicht mehr Zeit, mich zu ändern; und der ganz Jud sei nur in meine Tagesordnung einrangiert, um mich vor dem Mottenfraß der Häuslichkeit zu bewahren, und ich hätt gemerkt, daß man in einer glücklichen Häuslichkeit sonntags immer die Dach-ziegel gegenüber vom Nachbar zähle, was mir so fürchterliche Lange-weile mache, daß ich lieber nicht heiraten will. – Ich hab aber auch dem Doktor einen ironischen Lügenbrief wieder mit Lügen beantwortet und dem Klausner auch einen. Und es sind auch allerlei Anspielungen, recht liebliche auf Dich, die ich mit scharmantem Humor beantwortet hab. So kommst du zuletzt an die Reih.

Dem Clemens hab ich alles übermacht. – Deine eigne Sorge um meine Ausschweifungen im Lernen, die lasse sich legen. Der Wind zaust mich und schüttelt mir alles aus dem Kopf. – Wenn Du meinst, ich könnt was dafür, daß ich nichts kann, da tust Du mir unrecht. Es ist nicht möglich, meine Lerngedanken zusammenzubringen, sie hüpfen wie die Frösche auf einem grünen Anger herum. Meinst Du, ich mach mir keine Vor-würfe? – meinst Du, ich raffel mich nicht alle Tage zusammen? – mit dem festen Vorsatz, es durchzunehmen, bis es mir ganz geläufig ist? – aber weißt Du, was mich zerstreut? – daß ich's allemal schon weiß, noch eh es der Lehrer mir ganz auseinandergesetzt hat, nun muß ich warten, bis er fertig gekaut hat, da nehmen unterdes meine Gedanken Reißaus, und dann ist es nachher nicht, daß ich es nicht gelernt hab, sondern ich hab's nur gar nicht gehört, was er gesagt hat; mit dem Hofmann in Offenbach war's eine andre Sach, er lehrte so problematisch, er ließ mir hundert interessante Fragen, die er freilich oft unbeantwortet ließ, die oft zu ganz fremden Dingen führten, aber dies regte mich an, immer darauf zurück-zukehren. Ich will mich damit nicht entschuldigen, ich weiß, daß es ein Fehler, eine Schwäche, eine Krankheit ist; ich geb's auch nicht auf, sie zu bekämpfen, und sollt ich bis an meines Lebens End damit zu tun haben, ich geb's nicht auf, das fortzulernen, was mir einmal Begierde, ja, ich kann wohl sagen, Leidenschaft erregt hat. – Generalbaß! – Wenn Du ahnen könntest, welches Ideal mir in diesem Wort vor den Sinnen schwebt, und welchen alten Manschettenkerl mir die Lehrer vorführen und behaup-

ten, das sei er, Du würdest mich bedauern, daß ich den Genius unter dieser Gestalt sollte wiedererkennen müssen. Nein, er ist es nicht. Die ganze Welt ist eben Philistertum, so haben sie nicht eher geruht, bis sie auch das Wissen dahin gezerrt haben. Wär es frei behandelt mit Genie, dann wär sein Beginnen kindlich, nicht aberwitzig mit lauter Gebot und Verbot, die sich nicht legitimieren: das darfst du nicht, das mußt du – warum? weil's die Regel ist. – Nun aber! – ich fühl's, das soll mich nicht abhalten, und ich werde tun nach Kräften, und das andre wird der Gott meinen mangelnden Kräften zugut halten, und auch mußt Du etwas auf einen bestimmten Naturtrieb rechnen, der mich mit Gewalt zu andern Gedanken reizt, einen Vorteil hab ich davon, meine großen Anlagen werden jetzt sehr in Zweifel gezogen oder vielmehr mir gänzlich abgeleugnet, und meine Genialität gilt für Hoffart und mein Charakter für einen Schußbartel, dem man alle Dummheiten zutrauen kann, ohne ihm eine zum Vorwurf machen zu können. Da fühl ich mich sehr bequem in meiner Haut, und es ist mir noch einmal so behaglich unter den Menschen; – niemand denkt zwar dran, daß ich nie Prätension an jene hohe Eigenschaften machte, von denen man erwartete, daß sie aus dem Ei kriechen würden und daß es nur unser lieber Posaunenengel war, der all diese Dinge über mich hinter meinem Rücken in die Welt hinein trompete, und man gibt mir die Schuld, daß ich ein eingebildeter, aufgeblasner Kerl wär, der meine, seine Phantasie regne Gold; aber das kränkt mich gar nicht und beschämt mich auch nicht, und es steckt mich vielmehr an, daß ich allerliebst dumm sein kann und mich mitfreue, wenn sie mich auslachen, und da lacht man als weiter. –
Du fragst nach Savigny. Der ist eben wie immer. Die höchste Güte leuchtet aus ihm, die höchste Großmut, die größte Nachsicht, die reinste Absicht in allem, das edelste Vertrauen zu dem Willen und Respekt vor der individuellen Natur. Nein, ich glaube nicht, daß es ein edleres Verhältnismaß gibt. Das stört mich also gar nicht, daß er mich hundertmal hoffärtig nennt und daß er über meine Albernheiten lacht und daß er mir noch größere zutraut und daß er keinen Glauben an meinen gesunden Menschenverstand hat, er tut das alles mit so liebenswürdiger Ironie, er ist so gutmütig dabei, so willenlos, einen zu stören, so verzeihend; ei, ich wüßt nicht, wie ich mir's besser wünschen könnte, als so angenehm verbannt zu sein, und ich komme mir vor wie ein Schauspieler, der sich unter einem Charakter beliebt gemacht hat und der diesen nun immer

beibehält, weil er sich selbst darin gefällt. Der Clemens klagt zwar und meint, er habe immer keine Antwort von ihm erhalten auf all sein Vertrauen und habe sich immer zurückgestoßen gefühlt – und der Savigny ließe gleichsam das Tretrad der Studiermaschine so lang aus Höflichkeit stehen, bis einer ausgeredet habe; er habe sich oft geärgert, daß wenn er zu ihm ins Zimmer kam, um ihm was warm mitzuteilen, so habe er keine Antwort, nur Gehör erlangt, und kaum sei er drauß gewesen, so rumpelte die Studiermaschine wieder im alten Gleis. – Da hat aber der Clemens unrecht. Erstens ist Savignys Anteil am Leben außer seiner wissenschaftlichen Sphäre nur ein geliehener und vielleicht bloß gutmütig; und dann ist es ein Irrtum vom Clemens, der meint, er müsse ihm Mitteilungen machen, da er sie ihm nicht honoriert oder sich ihm mitteilen will, wo Savigny einer anderen Ansicht über ihn zugetan ist. – Mir fällt's gar nicht ein, ihm etwas der Art sagen zu wollen, mir ist's ganz recht, daß er mir die Fehler und Albernheiten, die in mir nun einmal vorausgesetzt werden, noch als erträglich anrechnet. – »Was willst du wieder für eine Dummheit vorbringen«, sagen sie oft oder: »Ich bitt dich, schwätz nicht so extravagant« oder: »Wie kannst du denn so was sagen, die Leute verstehn dich nicht.« – Und es fallen mir dann auch immer die Extravaganzen ein, und ich sag sie immer nur, um's zu hören, wie ich ausgezankt werd. – Da siehst Du also, es geht mir pläsierlich; und eifersüchtig darfst Du nicht sein, kein Mensch teilt dies Vertrauen, dies tiefere zu Dir – drum aber bin ich auch eifersüchtig auf Dich und oft auch bang, denn nicht allein die Menschen sind mir im Weg, ich fürchte auch jeden Zufall, jede Laune von Dir, jede Zerstreuung, ich möchte Dich immer heiter wissen. Wenn Du Kopfschmerzen hattest, so seh ich mich noch nach ihnen um wie frechen Gewalten, die ich noch auf dem Rückzug verfolgen möcht. – Wenn einer mir schreibt, Du seist still, oder man habe Dich nicht gesehen, oder man glaube, Du seist nicht in der Stadt, das alles kümmert mich, so leichtsinnig ich bin und sobald ich drauf vergesse, so kommt mir die Idee leicht wieder und steigert meine traurigen Gedanken über Dich, denn die hab ich als oft, das ist wahr.

Mein Lehrer in der Mathematik ist mein alter Herbst-Jud. Morgens, an meiner Tür in einem schwarzen Kleid, weißem Kragen, und der Bart spiegelglatt, stand er an meiner Tür und fragte um Erlaubnis, mich zu besuchen, ich freute mich über ihn, er sieht so viel edler aus als die andern Menschen, mit denen man täglich verkehrt, die man in großen Versammlungen sieht; ich hab im Schauspielhaus mich oft vergeblich nach einem erhabnen Gesicht umgesehen. Er setzte sich auch gleich in anständiger Bequemlichkeit an den Tisch, den Arm drauflegend, merkte meine Verwunderung über seine Angenehmheit, lächelte mich an und sah aus wie ein Fürst – ich fragte: »Wo sind Sie denn so lang gewesen?« – »Nun!« sagte er, »was reden Sie doch so fremd, bin ich nicht noch der Alte? – heiß ich nicht mehr: lieber Jud?« – Ich mußt ihm die Hand reichen, ich sagte: »Ja!« – Hättest Du nur die ironische Miene gesehen in dem erhabnen Gesicht und das milde herablassende Lächeln zu mir; – er sagte: »Nicht aus jedem Mund gefällt einem das Ihr oder Du, mit dem der Jude sich muß anreden lassen, aber Ihrem lasse ich's nicht gern abgewöhnen.« – Dir hätte der Mann so viel Freud gemacht, Günderod, er erzählte nur Gewöhnliches aus seinem Leben, von seinen siebzehn Enkeln, wie die sich gefreut haben, ihn wiederzusehen; ich frug nach allen, wie alt sie sind, wie sie aussehen; da sind ihm doch die fünf, die Vater und Mutter verloren haben, die liebsten; von denen sagte er: »Der älteste, der gleicht mir, der hat für nichts Sinn wie für die Mathematik und hält sich so apart.« – »Wie ist denn der dritte, gleicht der Euch auch?« – »Der ist noch ein klein Jüngelchen, aber er verleugnet den Großvater nicht, und die Töchter sind schon so hilfreich, die eine ist dreizehn und die andre elf Jahr, aber sie sorgen fürs Haus und für die Kleidung.« – Das waren alles gewöhnliche Reden, aber wie erfüllt von Herzlichkeit – ganz wie die Natur, mit Enthusiasmus Sorg und Plage tragend. – Er war früher bloß Lehrer der Mathematik und lehrte in Gießen, in Marburg die Studenten, und in der Ferienzeit ging er nach Haus zu den Seinen. – Zwei Söhne und eine Tochter verheiratet; seine Tochter starb, nachdem sie ihren Mann begraben hatte, den sie sehr liebte, und ließ die fünf Kinder zurück. – Der alte Ephraim konnt keinen andern Erwerbszweig ergreifen, sie zu ernähren, als an den er von Jugend gewohnt war, der seine Leidenschaft ist – worüber er so manches Schmerzliche hat vergessen, sagte er – so ist er denn auf dem Heimweg in den Ferien in den nächsten Orten herumgeschlendert und hat alte Kleider eingehandelt, um die seinen Enkeln mitzubringen, denn sie neu zu kleiden, dazu wollte sein Erwerb nicht hinreichen. Nach und nach hat sich der Handel erweitert, alte Hochzeitkleider aus dem vorigen Jahrhundert, verlegne, altmodische Spitzen, die die Kaufleute nicht mehr absetzen, verhandelt er jetzt nach Polen, so war er diesmal in Leipzig – und hat ein sehr gut Geschäft gemacht. –

Du hörst, ich hab einen ganz kaufmännischen Stil – ich möcht mit dem Alten Kompagnie machen und die Enkel ernähren helfen, weil aber das doch Schwierigkeit hat, so hab ich einstweilen mathematische Stunde bei ihm, das mach ich ganz kurz, ich sagt ihm: da kommt nur die Woch auch zweimal zu mir, denn ich muß Mathematik lernen; er lachte und wollt's nicht glauben, ich holte ihm aber meine mathematischen Bücher hervor, die Christian mir hiergelassen, und mein Heft, was ich bei dem Christian geschrieben, das gefiel ihm sehr, denn es war meist alles vom Christian diktiert, der wohl der scharfsinnigste Mensch von der Welt ist. – Jetzt hab ich schon drei Stunden ausgehalten und auch allemal seine Aufgaben richtig gemacht, denn ich hab Respekt vor dem Alten, ich möcht um alles nicht ihm die Idee geben, als sei ich ein flatterhafter Schußbartel, wie mich die andern nennen, woran mir gar nichts liegt, aber an ihm liegt mir, weil er so ganz ohne Überspannung doch nicht an meinem Ernst zweifelt, weil er eine so schöne Liebe zu seiner Wissenschaft hat, daß er die für gering achten muß, die das nicht mitfühlen. Und meine Du, was Du willst; aber Du wirst mir recht geben, daß unter solchem Druck, unter so erniedrigenden Bedingungen der Adel des Lebens so frei und untadelhaft bewahrt, daß sie nicht einmal durch das niedrigste Geschäft sich gebeugt fühlt, für eine hohe Seele spricht; daß sie um so mehr recht hat auf unsere feierliche Achtung, als sie vielleicht dem Äußeren nach, der Mißdeutung, der Verachtung ausgesetzt ist; er nannte mich gestern sein liebes Töchterchen und legte mir die Hand auf den Kopf, wie er wegging; ich hielt so still, er strich mir über die Wangen und sagte: »Ja, so!« – das hieß so viel: nun, in dir ruht der Menschenkeim. – Er kommt zwischen drei und fünf, da wird's schon dämmerig, wenn er geht, ich führte ihn durch den Garten und zeigte ihm den Turm, von wo ich die Lande überseh. – Da kann kein Mensch hinauf wie ich, denn seht, die Leiter ist zerbrochen, sagt ich, – und ich hab ihm vorgetragen, wie mir's geht mit dem Generalbaß, er sagt, das wär, weil ich nicht alles zu gleicher Zeit überschaue, warum meine Begriffe stockten; und manches, woran Menschen ihr Leben lang kauten, das müsse von andern in einem Blick erfaßt werden, sonst ging Zeit und Müh verloren; ich sagte, mir sei bang, so werde es mir auch ergehen. »Ich hab doch in meinem Leben noch keine kleine Eichel gesehen, der bang war, es werde kein Baum aus ihr wachsen«, gab er zur Antwort; und dabei legte er mir wieder die Hand auf den Kopf und sagte so freundlich: »Jetzt haben wir die Eichel in die

Erde gelegt und gedeckt, und jetzt wollen wir sie ruhig liegenlassen und sehen, was Sonne und Regen tut.« Du glaubst gar nicht, wie fabelig mich der Mann macht, zu den andern darf ich nicht von ihm sprechen, das kannst Du wohl denken, denn sonst würde meine Andacht mir für Verrücktheit ausgelegt werden; aber die Patriarchenwürde strahlt mich an aus ihm, und ich spreche der Welt Hohn, daß solche einfache, große und heilige Charaktere nicht Platz finden unter ihren Lappalien, und überhaupt geh ich nach Vornehmheit, und diese hat der Mann; und seh doch nur einen auftreten in der menschlichen Gesellschaft, ob nicht aller mühselig erzwickter Rang ihn so des gesunden Verstandes beraubt, daß er nur als Narr sich selbst genugzutun glaubt. – Weise sein kann keiner, der der Narrheit eine höhere Überzeugung opfert, denn aller Verstand deucht mir ein Spiel von Aberwitz, wenn der heiligen Weisheit nicht alle Opfer gebracht sind. Das meine ich so: wenn nicht alle äußeren Vorteile, Würden und Ruhm, nichts gelten vor dem inneren Ruf zum Göttlichen. Ich bin noch jung, mir kommt es wohl noch einmal, daß mich das Schicksal frägt – und da werde ich des alten Handelsjuden Ephraim gedenken. – O pfui, wer seinen Umgang wollte richten nach dem äußeren Rang, von Vorurteilen sich wollte Fesseln lassen anlegen und mit denen prangen! – der einzige Stolz, den ich habe, der ist frei sein von ihnen – und der schon auf andern Wegen seinen Vorteil sucht, als in der heiligen Überzeugung seines Gewissens, der ist nicht mein Geselle. – Aber der Jude gibt mir keinen Anstoß, der ist frei von allem. – Adieu.

Bettine

Noch eins setz ich hierhin: Alles, was Dir geschieht, soll Dein Geistesleben befördern – so, auf die Weise begreif meinen Umgang mit dem Juden.


An die Günderode

Ein mathematischer Vergleich vom Jud: Begeisterung ist ein Reich des Seins, das wir zwar aus der Wirklichkeit verbannt haben, aber in dem wir seine Gewißheit fühlen. – Wie könnte dies Reich nicht wahrhaft sein, da der Geist die Wirklichkeit verläßt, denn wo soll der Geist leben als in der Begeisterung, da er immer nur lebt, wenn er begeistert ist. – Aus dieser

Schlußfolge legte er mir nun aus, was er von mir gefaßt wollte wissen – und ich ergriff seine Hand und sagte: »Ach, Ephraim, jetzt weiß ich, wer Ihr seid, Ihr seid der Sokrates.« – »Ich bin der Sokrates nicht, aber er ist ein Stück von meiner Religion.« – »So?« sagt ich, »habt Ihr ihn studiert; wie seid Ihr denn dazu gekommen?« – »Da könnt ich ja wohl fragen, wie ist ein so junges Töchterchen dazu gekommen, von ihm zu wissen.« – »Ich hab ihn der Günderode stückweis vorgelesen, aber ich war zerstreut und weiß nichts von ihm als nur, daß er solche Schlußfolgen macht wie Ihr.« – »Wer ist die Günderode?« – »Meine Freundin, der ich alles von Euch erzähl, und auch, daß Ihr mich gefangen habt wie in einem Hamen, daß ich lernen muß, und daß Ihr der einzige Mensch seid, vor dem ich Furcht hab.« –»Wenn das nur wahr wär«, sagte er, »so wollt ich noch strenger sein.« – »Ach nein! zerreißt den Hamen nicht, er ist gar fein gewebt, laßt dem Fisch Platz, daß er ein bißchen schnalzen kann.« – Das macht ihm nun so viel Vergnügen, so ein Weilchen mit mir zu sprechen – er sagte: »Das ist alles gut, aber wir wollen einander nicht umsonst kennengelernt haben, und Sie sollen manchmal noch des alten Ephraim Spuren in Ihrem Geist verfolgen, wenn er schon lange nicht mehr lebt« – wahrlich, ich hatte auf der Zunge, ihm zu sagen, daß ich ihn unaussprechlich liebe und daß mir an seinem Segen mehr gelegen sei als an der ganzen Welt; aber ich schwieg still, was soll man so was sagen, er sieht's ja und fühlt's auch gewiß innerlich als Wahrheit. Ich frag ihn alles, was mir in den Kopf kommt, mir deucht gar nicht, daß es möglich sei, daß ihm sein Geist nicht alles klar und deutlich mache, – nur scheu ich mich, ihm zu sagen, wie sehr ich ihm vertrau; gestern sprachen wir vom Napoleon, ich sagte: »Mit euch wollt ich Schlachten gewinnen! – ich hab mir oft gedacht, wenn ich Feldherr wär und von meiner Gegenwart des Geistes alles abhing, daß ich alles verantworten müßt, ob ich da nicht zwischen Begeisterung und Furcht schwanken würde; aber wenn ich Euch an der Seite hätt, dann wollt ich meiner Entschlossenheit gewiß sein.« – »Warum? – trauen Sie mir so viel Mut zu? – hab ich ihn doch noch nie bewiesen und vielleicht noch nicht Gelegenheit gehabt, ihn zu proben, denn des Juden Weg ist, sich zwischen Dorn und Disteln durchzuschleichen, mit denen der Christ ihm die Straßen verhackt, und er muß sich scheuen, daß die Hunde wach werden, die in die Dornen hinein ihn verfolgen, daß er nicht mehr vor- noch rückwärts weiß und oft im Schweiß seiner Mühen zugrunde geht und, was noch trauriger ist, seinen Gott nicht mehr im eignen Herzen findet«, und er faltete seine Hände und verfärbte sich – er ist eine fein organisierte Seele – es bewegte mich, ich sagte: »Ich hab nicht an Euren Mut dabei gedacht, aber mir deucht, in Euer Antlitz zu sehen, das würde meine zerstreuten Gedanken sammeln und meine Entschlossenheit festmachen wie einen Pfeiler, denn ich würde nie vor Euch beschämt stehen wollen; und dann fühl ich, daß Ihr in der Gefahr wachsen würdet, denn Ihr würdet gewaltig sein, wo es des Geistes bedürfte, weil böse Leidenschaften in Euch abwesend sind und Euren Geist nicht hindern, gegenwärtig zu sein, denn ich glaub, Gegenwart des Geistes hat man nur der Abwesenheit der Leidenschaften zu danken, die einem ins Handwerk pfuschen. Aber Ihr seid vollkommen ruhig und habt doch Euren Zweck im Auge und steht über den Vorteilen des Lebens und habt Jahre und seid so fest, so ernst, so gar nicht ermüdet von den strengen Prüfungen, Ihr klagt nicht, Euch ist das Leben gerecht, wie es Gott Euch gab; das ist Weisheit, mein ich.« – »Und doch ist der Ephraim nur ein Handelsjude«, sagte er. – »Ja, aber Ihr habt Euer Leben zum Tempel gemacht und seid hoher Priester darin.« – Das Gespräch führte noch weiter und endlich dahin – was ich mir für Dich aufschrieb: –

>Daß der Leib in sich begeistigt ist – einen Geist in sich habe, erkennen wir darin, daß er sich geheiligt empfindet im Denken. – Ein Denker, ein geistig Erregter hat einen geheiligten Leib.<

Dies war das letzte von unserem Gespräch, was dazwischen lag, weiß ich nicht mehr; – aber auf dem Turm in der kalten Winternacht plauderten die Sterne weiter mit mir: >In der Liebe ist das erste, was wir weihen, der Leib – und dies ist die Wurzel und der Keim der Liebe – und ohne diese Weihe wird keine Liebe bestehen, sie welkt wie eine Blume, die man bricht, aber durch diese Weihe, mit ihr muß die Liebe bestehen, jede Erkenntnis des Höheren fängt mit dieser Weihe an; wenn der Geist göttlich empfindet, das heiligt den Leib.<

>Jedes Annähern im Geist sucht den Sitz des Geistes im Innersten, und das empfindest du, umgeben vom Leib, wie du die Tempelhalle geweiht achtest, von der du weißt, daß inner ihren Mauern die Opferflamme lodert.<

>Der Tempel stellt den eignen Leib dar und des Gottes Lehre den eignen Geist.<

>Den Geist des andern empfinden, so wie der sich selber empfand, als er dachte, das befruchtet den Geist.< –

>Verstehen ist unmittelbares Berühren der Geister, und dies ist Lebendigsein, erzeugt selbständig Leben, und alles andre ist nicht Verstehen – und der geringste Keim, selbständig in der Brust, ist Offenbarung.<

>Drum befruchtet das wahre Verstehen den Geist.<

>Fürchte nicht, daß deine Liebe verloren sei, die Geister tragen sie hin, wo sie wirkt, wo sie erzeugt, wo sie ins Leben eindringt des Geistes. – Und das ist ja der Liebe einziger Bedarf, aufgenommen zu sein; und was nicht ihrer Empfängnis fähig ist, das ist auch nicht der Liebe Gegenstand, drum fürchte nicht, daß die Liebe ihr Ziel nicht fände, alles wahrhafte Leben hat ein Ziel.<

>Also hast du eine lebendige, aus der Großmut entsprungne Liebe, so verfehlt sie nicht ihr Ziel, denn es liegt in ihr selber, wie der Atem in der Brust liegt.<

>Alle Handlung, die nicht Großmut ist, ist Lüge, ist Scheinleben; alles, was nicht Geist ist, ist Lüge – Großmut muß Scheinleben in wahres Leben verwandeln.<

>Was ist Großmut? – Geist! – Denken, Handeln und Fühlen zugleich. – Großmut muß aus dem tiefsten Geist sich entwickeln – Geist umfaßt alles, jede Regung fließt aus ihm. Je mehr du Geist ausströmst, je mehr strömt er dir zu.<

>Großmut ist recht eigentlich sinnlicher Geistesstrom, alles, was die Großmut hemmt, ist geistlos.<

Das waren so die Nachzügler von meinem Gespräch mit dem Juden. Bin ich nicht glücklich, Günderode, daß mir Gott einen solchen an die Tür geschickt hat in so verachteter Gestalt und daß seine Hoheit um so mehr drunter hervorleuchtet? – und der mir zu trinken gibt, wo mein Herz lechzt und nicht die Quelle finden konnt, denn gewiß, dieser Mann beschenkt mich fürstlich, und ich kann ihm nicht vergelten, und er hat mich gewiß auch so lieb wie seine Enkel, für die er mit Herz und Seele sorgt. Er gefiel mir gleich so wohl, wie ich ihn zum erstenmal sah, er zog mich an, und ich scherzte freundlich mit ihm, weil ich ihm wohltun wollte, da ich weiß, daß niemand freundlich mit solchen Leuten ist und nur ihrer spottet – jetzt aber denk ich jedesmal, wenn ich ihn seh, wie hoch er über mir steht und wie gütevoll und herablassend er gegen mich ist, er auch behandelt mich wie der Meister seinen Zögling, ich fühl jeden Augenblick seine Übermacht. – Während ich mit ihm rede, schreibt er immer kleine Sätze ins mathematische Heft, die er mir noch zuletzt anweist, wie ich sie herausfinden soll, das macht, daß unser Gespräch sich in Pausen einteilt und feierlich und langsam ist, das macht mir auch so viel Freud. – Wenn ich zu Savigny hinunterkomm, da bin ich immer ganz ausgelassen lustig vor heimlicher Freud, daß ich einen so liebenswürdigen Meister hab, dem ich so von Herzen zugetan bin, ich würde für ihn durchs Feuer laufen – für Dich auch – ich hab immer die Studenten drum beneidet, wenn ich mir dacht, daß sie so ein Verhältnis zu ihrem Professor haben, daß sie so stolz drauf sind, seine Schüler zu sein und ihm die Stange zu halten; damit mein ich, daß sie sich ihm widmen mit ihrem ganzen jugendlichen Enthusiasmus. – Es ist nichts Schöneres in der ganzen Welt als dies. Wär ich ein weiser Meister: wenn mir die Studenten aus vollem Herzen ein freudig Lebehoch brächten, wenn sie im Fackelzug anmarschiert kämen, ja, das wär mir am liebsten von allen Ehrenkränzen. – Der Ephraim hat so einen Charakter, der imponieren und die Schüler anziehen muß, wenn der Philosoph wär, was er doch eigentlich ist, so müßten die Schüler mit Leidenschaft an ihm hängen – er sagt: »Meine Schüler lieben mich auch, aber die Vorurteile liegen wie unersteigliche Berge zwischen uns.« – Savignys fragen als: »Nun, war dein alter Mathematikus bei dir, hast du wieder Judenweisheit studiert? – bist du heut wieder klüger wie die andre Menschheit, hat dich dein Jud eingeweiht?« – ich sag: »Ja« und lach mit und freu mich, daß ich allein alles weiß von ihm. – Ich will Dir was sagen, ich hab ihm die ›Manen‹ vorgelesen und ihn darüber gefragt manches, er hat mit Bleistift drunter geschrieben: ›Du solltest Geister rufen, und sie sollten deinem Ruf nicht folgen? – das glaub nimmer.‹

Wenn ich abends auf den Turm geh, an Tagen, wo er da war, sind die Gedanken, die mir da oben von den Sternen kommen, immer so übereinstimmend mit seinen Reden, daß ich manchmal meinen muß, sie hätten's ihm eingegeben für mich. – Solche Gedanken, die mir lieb sind, schreib ich in ein Buch, um die schönsten draus zu wählen und Dir zu schreiben; am Tag vorher, als ich vom Turm kam – es war spät, ich war müde und schrieb eilig, ohne mich zu besinnen, was mir noch im Kopf schwärmte von da oben:

›Darum ist's auch oft, warum das Göttliche nicht in uns haftet, weil wir selbst schlecht werden, indem wir mit dem Bösen streiten; wir wurden boshaft, indem wir das Böse verfolgten.‹ – ›Gott hat den Adam nicht aus dem Paradies verjagt, der Adam ist ihm von selbst entlaufen. Wo könnt ein Engel eine gottgeschaffne Kreatur aus dem Paradies jagen wollen? –

Alles Göttliche ist Steigen, was nicht mitsteigen kann, das sinkt.< –

>Wo könnte aber das Göttliche aufsteigen, wenn nicht aus dem Ungöttlichen? – Wie könnte das Göttliche vom Ungöttlichen sich sondern wollen? – nein, es ist recht seine göttliche Natur, sich nicht von ihm zu sondern; es mischt sich mit ihm und reizt es, des Göttlichen inne zu werden, nur Verachtung löst sich ab vom Göttlichen, nur der Tod löst sich ab, und vieles ist der Tod selbst, wodurch die Menschen sich vom Ungöttlichen absondern wollen, sich des ewigen Lebens teilhaftig machen wollen.< –

>Die Freiheit muß zur Sklavin werden des Sklaven, sie muß sich den Sklavensinn erobern, wie könnt sie sonst Freiheit sein? – in was kann Freiheit sich aussprechen als im Gebundensein und unterworfen dem göttlichen Trieb, das Ungöttliche göttlich zu machen! – Wer ist mächtig, die Ketten zu tragen, wenn nicht die Freiheit? – und wer kann die ohnmächtigen Sinne beleben als nur das Leben selbst?< –

>Man sagt zwar, das Göttliche vertrage nicht das Ungöttliche, aber es muß alles vertragen können, nur in ewigem Verwandeln in sich besteht das Göttlichsein.<

Das hab ich heut auf dem Turm gelernt, und dann hab ich noch gedacht:

>Wenn du dich im Geist begegnest mit dem, was du liebst, so trete auf im Schmuck deiner Begeisterung, sonst würde es dich nicht erkennen.< –

>Daß dich der Geliebte berühre im Geist, kann nur aus Begeisterung geschehen, so kann auch nur Begeisterung zu ihm reden.< –

Als ich den Ephraim begleitet hatte, ging ich gleich auf den Turm, obschon das nicht gilt, wenn die Sterne noch nicht am Himmel stehen; aber ich mochte nicht wieder ins Haus, es war mir zu behaglich in freier Luft. Fühlst Du das auch, das Glücklichsein, bloß weil Du atmest – wenn Du im Freien gehst und siehst den unermeßlichen Äther über Dir – daß Du den trinkst, daß Du mit ihm verwandt bist, so nah, daß alles Leben in Dich strömt von ihm? – Ach, was suchen wir doch noch nach einem Gegenstand, den wir lieben wollen? – gewiegt, gereizt, genährt, begeistigt vom Leben – in seinem Schoß bald, bald auf seinen Flügeln; ist das nicht Liebe? ist das ganze Leben nicht Lieben? – und Du suchst, was Du lieben kannst? – so lieb doch das Leben wieder, was Dich durchdringt, was ewig mächtig Dich an sich zieht, aus dem allein alle Seligkeit Dir zuströmt; warum muß es doch grade dies oder jenes sein, an das Du Dich hingibst? – nimm doch alles Geliebte hin als eine Zärtlichkeit, eine

Schmeichelei vom Leben selbst, häng mit Begeisterung am Leben selbst, dessen Liebe Dich geistig macht; – denn daß Du lebst, das ist die heiße Liebe des Lebens zu Dir; es allein hegt in sich den Zweck der Liebe, es vergeistigt das Lebende, das Geliebte. – Und alle Kreatur lebt von der Liebe, vom Leben selbst. Ja, so ein Gedanke, Günderode! einer könnt fragen, ob er nicht Einbildung sei? – aber mich kümmert's nicht, ob alle es nicht glauben, ich bin mir genug und brauch keine Beglaubigung dazu. Tiefere Wahrheit erkennen, ist ja das Leben verstehen – so empfindet man ja, daß große Taten die schönsten Momente des Lebens sind, also ein wirkliches, heißes Umarmen mit dem Leben selbst. Solche himmlische Momente, aus denen sich nachher die Gewißheit der Liebe ergibt. – Ja, eine große Tat allein ist Feier der Liebe mit dem Leben, und sind die Menschen nicht lebentrunken, wenn sie groß gehandelt haben, wie der Liebende trunken ist vom Genuß, von der Gewißheit, geliebt zu sein? – ist das nicht jene Seligkeit, deren jeder andere bar ist, der nicht den Mut hat, der heiligen Inbrunst des Lebens sich liebend hinzugeben, und an der großen Tat vorbeischleicht? – ja, was ist der innere Genuß solcher Beglückter, als trunken sein von Begeisterung, die zu ihnen strömt als Gegenliebe; denn rein und groß sein im innersten Gewissen, das ist von dem Leben durchdrungen sein. –

Man sagt, die große Tat belohnt sich selbst, oder, er hat den Lohn in der eignen Brust – und so ist keiner zu ermessen, in dessen Brust dies Verheißen ewiger Inbrunst zwischen Leben und Lebendem diesen Lohn erzeugt. Es ist der einsame, tiefverborgne Glücksmoment, der keinen Zeugen hat, der nie sich nachfühlen läßt, den jeder wahrhaft Liebende verschweigt, der ihn über alles Erdenschicksal hebt und der auch, über alles, was in der Welt anerkannt wird, ihn stellt, was ihm das Gepräg des Erhabenen gibt.

Ja, die Großtaten, die leidenschaftlichen Küsse des Lebens, lassen einen sichtlichen Eindruck zurück, der sich selbst, ich will's glauben, auf Kinder und Kindskinder vererbt, denn wo käme der Adel her? – ist der nicht aus der heiligen Kraft entsprossen, wo das Leben mit seiner Liebe den Geliebten errungen hat? – dies heimliche, innerliche Genießen einer den andern ungekannten Seligkeit? wo man alles aufgibt, bloß um dem Liebenden – dem Leben zu genügen? – ja, das muß wohl auch in der Erscheinung – im Leib sich abdrücken; und man könnte darauf kommen, in den Gesichtern alter Geschlechter nachzuspüren, was wohl für eine Art von Begeisterung den Keim zu diesen veredelnden Zügen, zu dieser erhabnen Vornehmheit legte, ob es kühnes Tun, mutiges oder selbstverleugnendes war, was diese Liebesopfer einst vom Ahnen heischten – das ist mir schon bei Arnims Zügen eingefallen – und ein Mann göttlicher Leidenschaft fürs Leben, der ist ein Gründer des erhabensten Geschlechts, der ist ein Fürst unter den Menschen, und sollte er selbst in Lumpen unter den Menschen wandeln, und wer vor diesem Adel nicht Ehrfurcht hat, das ist der Pöbel, der nimmer zum Adel taugt, weil er das verkennt, was sein Ursprung ist, ihn also nicht in sich erzeugen kann, er nenne sich Fürst oder Knecht. – Das war mein Gespräch heut mit den Sternen.

Dienstag

Heute ist der siebente Tag, daß ich meinen ersten Brief abschickte, am Samstag der zweite und heut? – soll ich diesen schließen und Dir schicken? – ich mein als, es sei Dir zu viel vielleicht – das wird aber nicht, ich hab Dir's versprochen, Dir alles von da oben zu schreiben, Du hast mich mehrmals dazu aufgefordert, was kann ich davor, daß mir so viel in den Kopf kommt oder vielmehr in die Feder, denn wenn ich glaub, mit einer Zeil fertig zu sein, so bring ich die selbst nicht aufs Papier vor so viel hundert andern, die sich dazwischen drängen. So hatt ich gestern im Sinn, wie es doch so dumm ist, wenn man sich über sein eigen Leben wollt besinnen und glauben, es läg schon hinter einem, was doch noch nicht der Anfang ist vom Leben, sondern nur der Grund, die Veranlassung dazu. –

Wenn der deutsche Kaiser gekrönt ist, vom Dom bis zum Römer über eine Bahn von Scharlachtuch geht, so fällt das Volk dicht hinter ihm über das Tuch her und schneidet es unter seinen Tritten ab, zerreißt's in Fetzen und teilt es unter sich, so daß, wenn er auf dem Römer ankommt, so ist nichts mehr von der Scharlachbahn zu sehen. So scheint mir auch aller Lebenseingang wie die rote Kaiserbahn gleich nach jedem Schritt aufgehoben und nichts sein, bis das Leben dich wie den Kaiser in so große Verpflichtung nimmt, daß kein Augenblick mehr dein gehöre, sondern du ganz im Leben aufgehest, da kannst du erst deines Lebens Anfang rechnen, dann aber hebt sich das Sterbenwollen von selbst auf. Alles Leben, was sich mit dir berührt, hängt von dir ab, aber du bist kein abgesondertes Leben mehr – und wirkliches Leben ist ein Ausströmen in alles, das läßt sich nicht aufheben – wie's mich verwundert hat, wie Du

339

sagtest, viel lernen und dann sterben, jung sterben! – es kam mir in den Sinn; als hätt ich wohl meine Zeit sehr vernachlässigt, daß ich nun schon so alt sei und noch gar nichts gelernt, so würd ich wohl das Jungsterben bleibenlassen müssen oder lieber gar nichts lernen. – Aber die kaiserliche Scharlachbahn! – ich sag Dir, alles, was Du Dir vom Leben abschneiden kannst, ist bloß das Präludium dazu, und das hebt sich von selbst auf, es ist vielleicht ein idealischer Voranfang; – willst Du mit diesem das Leben aufheben? – das heißt, den Kaiser mitsamt dem Tuch zerrissen. – Und doch ist das ganze Leben nur, daß Du eine Ehrenbahn durchwandelst, die Dich wieder ins Ideal ausströmt. Ich fühl's, wie kann man zu was Höherem gelangen, als daß man sich allen Opfern, die das Leben auferlegt, willig hingebe, damit der Wille zum Ideal sich in das Leben selbst verwandle – wie kann man selbst werden als durch Leben? – und so muß man auch willig das Alter ertragen wollen, und die ganze Lebensaufgabe muß aufgenommen sein und kein Teil derselben verworfen. – Wenn Du früh sterben willst, wenn Du es unwürdig achtest, weiterzugehen, wirst Du damit nicht jeden schmähen, der seine Lebensbahn nicht aufhob? – Die da mühselig ihre Last tragen, sind die zu schmähen? – Heldentum ist höher als Schmach! – Vor der Philisterwelt, die meinen Geist doch nicht begreift, schäm ich mich nicht, für sie nicht Jugend zu sein, die von den heiteren Frühlingstagen nichts weiß, welche der Geist durchlebt. – Weißt Du, was schlecht ist im Alter? – wenn es ein Aufbau, ein Übereinandertürmen rumpliger Vorurteile geworden, durch das die heilige Anlage der Jugend nicht mehr durchdringt, aber wo der Geist durch alles gehäufte Elend des Philistertums, dieser ganz unwahren, aber wirklichen Wahrheit, durchdringt zur Himmelsfreiheit, zum Äther und dort aufblüht, da ist Alter nur das kräftigste Lebenszeichen der Ewigkeit. – Mir scheinen alle Menschen um mich wie nichts oder doch eine geringe und unzuverlässige Gattung von Naturen, eben weil der Geist nicht in ihnen liegt, die höchste Blüte im Alter zu erreichen – eine zernagte Blüte. – – Aber Ephraim deucht mir eine vollkommne Geistesblüte, die jetzt im Frühlingsregen steht; die Tage sind lau, aber trüb – aber die Ahnung ist voll himmlischem Jugendreiz, die andern fühlen und sehen ihn nicht, wo steht aber auch je ein Philister bei der knospenden Zeit still, voll Schauer, voll Gebet zur erwachenden Blüte? –

Was war's also mit Deinem Frühsterbenwollen? – wem zu Gefallen willst Du das? – Dir selbst zulieb? – also rechnest Du die scharlachne

Kaiserbahn für Deine Jugendblüte, bloß weil sie so glanzvoll schimmert; aber sieh doch, die Welt achtet sie ja nicht, sie zerreißt sie in Fetzen, und Du stehst an ihrem End, und ist nicht mehr eine Spur davon, und da willst Du Dich mit zerreißen? aber der Trieb zu blühen ist erst dann wahre Geisteseingebung, wenn jene Scheinblüte Dich nicht mehr täuscht, wenn Du die Blüte ganz aus Dir selbst erzeugst, dann will ich sagen: ja, Du bist der Geist des Frühlings – aber mutlos das Leben verwerfen ist nicht Jugendgeist – ach, ich fühle wohl, daß ich hier weit mehr recht hab wie Du und daß ich Dir Trotz bieten kann; aber ich weiß auch, daß Du die tiefere Geisteswahrheit, die in meinem Vergleich liegt, deutlicher wahrnimmst als ich und daß Du gewiß Gewaltigeres ahnest als ich begreife. Es geht immer so zwischen unseren vertrauungsvollen Reden, daß ich stottere und daß Du mir dann reiner begreiflich machst, was ich wollte. – Mir steht hier nur der Jude vor Augen, der, über die sinkende Blüte der Eltern hinaus, die schweren Lebensbedingungen erfüllt, jeden mühevollen Weg zur Erhaltung der Enkel macht, keinen Tag mehr als den seinen verlebt, nicht um sich selber sich kümmert, in der Tagshitze zu den Seinen hinwandernd, sich mühsam beugt, um die Brosamen zu sammeln auf dem Weg und sie den verwaisten Kindern zu bringen. – Sein Weg war sonst Wissenschaft, Studium der alten Sprache, Philosophie; und nun! – wirft ihn das Geschick hinaus aus der Bahn, durch seine Aufgaben, die mehr mit dem wirklichen Leben zusammenhängen? – mir deucht nicht – mir deucht, es sei die erste heilige Blütezeit seines jugendsprossenden Geistes – so ist er auch friedevoll und ruhig im jungen Sonnenlicht keimend und treibend, lebenswarm ist der Boden – die Luft und sein Wille und sein Denken – und was er sagt, ist wie die Rebe, in die der Saft steigt einstiger Begeisterung – und ich weiß nichts mehr von Veralten, Verwelken, seit ich diesen Mann angeschaut hab; jeder Tag auf Erden ist ein Steigern der Blütebegeistigung, so nenn ich's, in der Eil weiß ich's nicht anders auszudrücken – und der letzte Tag ist immer noch lebentriebvoller wie der vorletzte. Wie es auch sei, es ist ein ewig Vorrücken in den Frühling – und unser ganz Leben, glaub ich, hat keinen andern Zweck. –

Die Sterne haben mir's gesagt für Dich. –

## An die Günderode

Es ist ja noch gar nicht so lang, daß Du mir geschrieben hast, es sind jetzt vierzehn Tage, und wenn ich Deinen Schreibetag hinzurechne und die Reise und das Abgeben des Briefs, so sind es sechzehn oder siebzehn Tage; – Du bist nicht Herr Deiner Zeit wie ich – denn ich hab gar nichts anders zu tun, als alles Leben zu Dir hinzuschicken, ich wollt auch lieber gar nicht denken, wenn ich Dir's nicht wiedergeben könnt, mir kommt expreß alles in den Sinn wegen Dir. Aber ich weiß, daß es Dummheit ist, sich immer ängstigen zu wollen. Nur das eine kann ich nicht ausstehen, wenn sie mir schreiben, die Günderod läßt Dich grüßen. – Ich kann noch eher leiden, wenn sie sagen, man sieht die Günderod nicht. – Aber das eine nur, es ist mir wie ein Nebel zwischen mir und Dir, ich glaub Dich an meiner Seite und sprech mit Dir immerfort, und der Nebel ist so dicht, daß ich Dich nicht seh, und auf einmal ruf ich: >Bist Du noch da?< – Du gibst keine Antwort. – Da ängstige ich mich und weiß nicht, wo mich hinwenden. Da mein ich als, alles, was ich Dir gesagt hab, sei nur ein Abirren von Dir, statt daß es mich hätt an Dich ziehen sollen; und da denk ich, deswegen hättst Du Dich von mir entfernt, weil ich Dir so manches sag, was Deine Seele nicht hören will, was sie stört. – Ach, Deine Seele, ich bin einmal geboren dazu, daß ich sie umflattere. Es ist mir zwar jetzt nicht mehr so heimlich auf dem Turm, weil mir immer zuerst einfällt, ob das, was mir da oben in den Sinn kommt, Dir auch recht sein mag, aber ich geh doch hinauf – nein, es treibt mich hinauf – wie der Wind da oben als geht, das glaubst Du nicht, er könnt einen gleich forttragen, das jagt alles – Wolken und Mond aneinander vorbei – jedes seinen Weg – recht zwieträchtig, ich weiß nicht, was ich dazu sagen soll. – Der Weg hinauf wird mir täglich ängstlicher. Ich war schon beinah dran gewöhnt und freut mich auf den Weg, und jetzt ist's wieder wie ein Stein, der auf mir liegt, manchmal bin ich so zerstreut, daß ich's gar vergeß und erst dran denk ganz spät, und jeder Schatten macht mir bang. Aber wo soll ich hin, ich muß doch hinauf, ich mein, ich muß da oben die Welt helfen festhalten. – Was das heut für ein Gestürm war! – es wächst da oben auf der Mauer ein Vogelkirschbaum, der hatte bis jetzt noch seine roten Beeren an sich hängen, ich hatte recht meine Freud dran, und ich dacht, das soll mir ein Zeichen sein, daß es zwischen uns beiden heiter ist und fröhlich. – Und die Beeren sollen hängenbleiben den ganzen Winter, ich hab sie auch zusammengebunden, daß sie der Wind nicht so leicht forttragen konnt; aber da war kein Halten, er drehte sich wie eine Kriegsfahne im Sturm, ich sprang auf die Mauer und wollte ihn schützen und nahm ihn in Arm und hab das Äußerste gewagt, ihn festzuhalten, bis der Wind sich legen wollt, und hätt ihn gehalten, wenn's bis zum Morgen gedauert hätt, aber da flogen mir die Beeren über den Kopf weg, einzeln – und ganze Trauben, bis die letzte fort war, da hab ich ihn losgelassen. Da legte sich der Wind, und war's ganz hell und ruhig am Himmel – daß ich noch eine Weile so dasaß wieder – ganz ruhig, und mich verwunderte, wie ich eben noch so mitstürmen konnt und warum mir doch das Herz so geklopft hatte, da gerade sonst ich und du immer so heimlich und so lustig waren, wir manchmal auf freiem Feld einen Sturm mitmachten. – Aber ich mag Dir's gar nicht sagen, was mir alles vorkommt und sich mir weismachen will und an was für Dingen es hängt, daß meine Fröhlichkeit sich in Trübsinn verwandelt oder daß der sich wieder zerstreut. – Oft im Sommer, wenn ich einen Vogel singen hörte, war ich wie von einer Botschaft belebt. – Und oft, wenn ich die reifen Kornähren so vom Wind durchstürmt und geknickt sah, mußt ich in tiefen Gedanken stehen, mich besinnen, wie ich soll einen Boten schicken, der sich den Winden ins Mittel lege. So wollen wir auch meinen jetzigen Aberglauben auf diese Rechnung schreiben. – Es wird vergehen und wird wieder ruhig werden.

Am Sonntag hat der Bang hier gepredigt, ich versprach ihm zuzuhören, wenn er wollt von den Juden predigen, wie die Christen ihr unchristlich Herz gegen die verschließen, daß die Juden gar nicht das Christentum empfinden können. Der Bang predigte, wie Christus seine Jünger aufforderte, dem Volk das wenige, was sie an Nahrungsmitteln bei sich hatten, hinzugeben, ohne sich selbst zu bedenken. »Siehe! da war plötzlich Überfluß für alle! Und wenn es ein Wunder ist, daß der Überfluß in den Körben gesammelt ward, über das ihr staunt und Gott anbetet, so wollet doch auch als göttliches Wunder achten, daß die Liebe aus dem Herzen aller strömte wie durch elektrische Berührung der Liebe des Sohnes Gottes zu allen, so daß von Nachbar zu Nachbar sie einander mitteilten und wollten lieber darben als darben lassen. Und so wartete der Segen in den wenigen Broten, als jeder das Seine mit dem andern teilte, und kam daher der große Überfluß. – Wenn ihr das nicht als Wunder bekennt, sondern es als ein natürliches Ereignis nicht würdig achtet, zu den göttlichen Wundern gezählt zu werden, ist es dann nicht um so mehr von denen zu erwarten, die sich seine Jünger nennen, daß dieses natürliche Wunder infolge des Göttlichen ersprieße? – und da es doch zwischen euch, die ihr Jünger Christi seid, nicht auf die göttliche Weisheit ankommt, sondern bloß ums tägliche Brot euch streitet, so mag nun die göttliche Kraft des Wunders in den Broten gewirkt haben, daß sie sich mehrten, oder in den Herzen der Juden, daß sie aus Hunger nach dem göttlichen Wort der leiblichen Sorge nicht achteten und sich einander im christlichen Sinn, der schon in ihnen zu keimen begann: >Liebet euch untereinander<, die leibliche Speise mitteilten und gönnten, so liegen denn immer diese Lehren darin: >Richtet die Seele auf göttliche Weisheit, so wird die Sorge um das Irdische von euch gehoben durch göttliche Kraft.< Oder auch: >Die Sorge um Irdisches ist allein in die Welt geboren, damit ihr sie überwinden lernt um eurer Brüder willen und gemeinsam nach dem Göttlichen trachtet, was jedem zuströmt, soviel er zu fassen vermag.< Der göttliche Segen aber regnet über alle Lande, und euch brüderlich in den irdischen zu teilen, achtet ihr das nicht als göttliches Wunder in euren Herzen? –

Mögen doch eure Herzen geschickt sein, Bruderliebe zu üben, so ist euch gewiß, daß das Wunder göttlicher Weisheit in euch erblühen werde, was von innen als Fülle des Segens über alle gleich sich ergießt und nicht über diesen allein, weil er Christ ist, und über jenen nicht, weil er Jude ist. – Denn so oft wir den Segen, sei er irdisch oder himmlisch, abteilen wollen, so erstirbt er in uns, denn sein Leben ist: Gemeinschaft des Heiligen. Mit dem inneren Sinn sollen wir die Welt regieren, das äußere Regiment greift in ihre Gestaltung nur vorübergehend oder gar nicht ein und kann nur das Geistige, die wirkliche Entwicklung hindern, aber der innere Sinn, durchdrungen von dem höheren Regiment der Welt, breitet sich aus und greift um sich, ihm ist nicht Einhalt zu tun, erzeugt sich in allen Herzen, jeder pflanze den Kern dieser süßen Frucht ins eigne Herz, er ist der Frühling des Lebens, ohne den werden wir nicht ernten und keine Gewalt haben.« –

Bang sagte mir nach der Kirche, er habe wohl gemerkt, daß ihm niemand zugehört habe als nur ich allein, die ganze Kirch hab geschlafen. –

Ich hab von dieser Predigt in einem Brief an den Voigt geschrieben, weil ich ihm nichts Besseres zu erzählen wußte, so hat er mir geantwortet: >Der innere Sinn greift mehr um sich wie alles Regiment der Welt, der Flügelsame des Geistes kann nicht abgesperrt werden, der treibt umher, und der Wind der geistigen Natur überwältigt alle Vorkehrungen, drum ist's lächerlich, was die Menschen sich für Mühe geben, alles in der

Zucht halten zu wollen oder durch etwas anders die Freiheit zu erkaufen als durch den Geist. Freiheit ist die strengste Zucht, denn sie greift da ein, wo kein Gebot noch Verbot was wirkt, sie zermalmt das Schlechte in der Wurzel: denn Freiheit ist eine göttliche Kraft, die nur Gutes wirken kann, aber die Menschen verstehen nicht, was Freiheit ist, sie wollen sich ihrer bemächtigen, das ist schon sie ertöten. Der Freiheit kann man sich nicht bemächtigen, sie muß als göttliche Kraft in uns erscheinen, sie ist das Gesetz, aus dem sich der Geist von selbst aufbaut. Innere Gebundenheit und äußere Freiheit sind doppelt schwere Ketten, weil die Trunkenheit noch dazu kommt, die die Sinne bindet und verwirrt.< – Das ist ungefähr das Bedeutendste, was ein zehn Seiten langer, sehr kritzlich geschriebner Brief enthält, ich wollt Dir ihn nicht schicken, ich fürcht, es möcht Deine Augen angreifen, ihn zu lesen. Er hat noch viel Hübsches und Freundliches geschrieben über Deinen Franken in Ägypten. – >Er sei der Franke, aber das Mädchen werde er nimmer finden, das ihn in des Vaters Hütte führt, denn was ihm in der Seele woge, das sei nicht mit Schönheitslettern ihm ins Antlitz geprägt, seine fränkische Nase umschreibe kein schönes Profil.< Den Brief kann ich Dir einmal vorlesen, wenn das Füllhorn eigner Mitteilungen ausgeleert ist – aber wann wird das je sein? – Ach, ich hab das Herz so voll zu Dir, nur heut hab ich von fremden Menschen geredet statt von meiner Seele, weil ich Dich nicht betrüben will mit meinen Klagen. Aber gewiß ist es wahr, auf dem Turm kann ich nur Seufzer ausstoßen, und meine Gedanken sind wie abgerißne Zweige und zerstreute Blätter – Laub, das im Winterwind herumwirbelt! – ich kann keins haschen, und was mir zufliegt, das zerfällt und hat keine sibyllinische Zeichen; aber ich will nicht klagen, denn es ist ja doch nur Einbildung von mir, Du bist nur so schweigsam, weil Du so in Gedanken versunken bist, wie Du schon als diesen Herbst warst. Wolltest Du nicht manchmal den Voigt sehen? – er ist doch gut, der könnt mir als von Dir schreiben. Er ist heiter und bescheiden und erzählt so viel Schönes aus seiner frühen Jugend, sein Leben ist Musik und Malerei, seine Bekanntschaft ist, wie wenn einer mit fröhlichem Gemüt umherschaut und einem unbefangnen Blick begegnet, dem er alles erzählt, was in seinem Innern vorgeht. Daß er schlecht geschrieben hat, will ich wohl glauben, aber es verdirbt mir ihn nicht, denn das war vermutlich die besessene Herd Schweine, die in die hohe Meeresflut gestürzt sind; wie es denn gewöhnlich bei guten Menschen geht, die was Schlechtes hervorbringen; es muß ihnen ganz leicht sein, wenn sie es los sind – so ist er auch ausnehmend vergnügt. Ich hab ihn kennenlernen, wie er als Schulrat in Frankfurt vorgestellt war, da hat er mich mit seinem witzigen Humor ergötzt, und es lag so viel Wahres und Richtiges, zum wenigsten mir Zusagendes in seinen Bemerkungen, daß ich immer meine, er würde das Beste gewirkt und geraten haben, er sagte aber damals zu mir: »Ach, ich bin ein Wickelkind, mir sind die Hände mit dem Wickelband festgebunden, ich kann nur Gesichter schneiden, und da meinen die Leute, ich lach und weine im Traum, sie meinen gar nicht, daß ich mit meinen fünf Sinnen dabei bin, wenn ich was sag.« – Wenn es Dir nicht störend ist, daß er Dich einmal besucht, so schicke ich ihm einen Brief an Dich. –

Vom Hölderlin hab ich auch erzählen hören, aber lauter Trauriges, was ich Dir jetzt nicht erzählen mag, denn wir beide würden nichts darüber erdenken können; und in meinem Herzen steht geschrieben: Streue die Saat der Tränen auf sein Andenken, vielleicht, daß aus diesen die Unsterblichkeit einst ihm aufs neue erblüht! – ach, auch er hat gesagt: Wer mit ganzer Seele wirkt, irrt nie! ja, wer unzerstreut und mit ganzer Seele dabei wär, der könnte wohl Tote erwecken, drum will ich mich sammeln und an Dich denken, daß ich Dich mir wach erhalte, daß Du mir nicht stirbst. – Aber ich will meinen Brief nicht so traurig schließen. Ein Brief den ich kürzlich von Goethe gelesen habe, den er Anno 1800 an Jacobi schrieb, wird Dich auch freuen: ›Seit wir uns nicht unmittelbar berührt haben‹, sagt er ihm, ›habe ich manche Vorteile geistiger Bildung genossen, sonst machte mich mein entschiedner Haß gegen Schwärmerei, Heuchelei und Anmaßung, oft auch gegen das wahre, ideale Gute im Menschen, das sich in der Erfahrung nicht wohl zeigen kann, oft ungerecht. Auch hierüber, wie über manches andere belehrt uns die Zeit, und man lernt, daß wahre Schätzung nicht ohne Schonung sein kann; seit der Zeit ist mir jedes ideale Streben, wo ich es antreffe, wert und lieb.‹ – So sehr ich sonst eine Sehnsucht hatte, allein und heimlich ihn aufzusuchen, jetzt ist's nicht mehr so; – ich möchte gar nicht zu ihm, wenn ich nicht Dich an der Hand führte – nur als zeigte ich Dir den Weg – und nur, daß ich mir den Dank von ihm und Dir verdienen will, denn was er im Brief sagt, berechtigt Euch gegenseitig, aufeinander Anspruch zu machen, denn wie freudig würd er erstaunen über das Ideal in Deiner Brust, so wie Du Dich aussprichst in jenem Brief, wo Dir auf einmal so hell dies Ideal erschien, als sähest Du voraus in Deine Unsterblichkeit. – Und mit was könnt ich ihm entgegenkommen? – ich hab keine Vorrechte, ich hab nichts als den geheimen Wert, von Dir nicht verlassen zu sein, sondern, angesehen mit Deinen Geistesaugen, die Gedanken in mich hineinzaubern, welche ich nie geahnt haben würde, läse ich sie nicht in Deinem Geist.

Gestern abend haben sich jung und alt beschert; mir sind die leeren Weihnachtsbäume zuteil geworden; ich hab mir sie ausgebeten, ich hab sie vor die Tür gepflanzt; man geht durch eine Allee von der Treppe über den breiten Vorplatz bis zu meiner Tür; diese grünen Tannen, so dicht an meiner Tür, beglücken mich – und die Welt ist noch so groß! ach, es steigt mir die Lust im Herzen auf, daß ich reisen möcht – mit Dir – wär das denn nicht möglich? – bin ich denn so ganz gefangen, kann ich mir hierin nicht willfahren? – Und willst Du auch nicht das Unglück meiden, jener, die sterben, ohne den Jupiter Olymp gesehen zu haben? – ich fühl, daß mir alle Sehnsucht gestillt könnte werden, hoch auf dem höchsten Berg die Lande, die Weite zu überschauen, ich würde mich wahrlich erhaben und mächtig fühlen, denn dessen das Aug sich bemeistert, dessen fühlt der Großherzige sich Herr. Ach, Günderode, ich weiß nicht, ob Du's auch schon gefühlt hast, aber mir ist jetzt vor allem der Sinn des Augs gereizt, sehen möcht ich, nur sehen. – Wie groß und herrlich die Kraft, mit dem Aug alles zu beherrschen, alles in sich zu haben, zu erzeugen, was herrlich ist – wie würden da die Geister uns umflügeln auf einsamer Stelle? – und dann kennen wir uns, wir würden ineinander so einheimisch sein, es bedürfte keiner Mitteilung, die Gedanken flögen aus und ein, in einen wie in andern, was Du siehst, das ist in Dir, denn ich auch, ich hab mich nicht vor Dir verschlossen; – ja, Du bist tiefer in meiner Brust und weißt mehr von meinem Seelenschicksal als ich selber, denn ich brauch nur in Deinem Geist zu lesen, so find ich mich selbst. Und wie glücklich hab ich mich doch hingehen lassen in Deinem Kreis? – als schätze Dein Geist mich, so hab ich alles Unmögliche gewagt zu denken und zu behaupten, und nichts war mir zu tollkühn, überall fühl ich den Faden in Deinem klugen Verstehen, der mich durchs Labyrinth führte. Ach, ich möchte alles haben, Macht und Reichtum an herrlichen Ideen und Wissenschaft und Kunst, um alles Dir wiederzugeben, und meinem Stolz, von Dir geliebt zu sein, meiner Liebe zu Dir genugzutun. Denn diese Freundschaft, dies Sein mit Dir, konnte nur einmal gedeihen. Ich zum wenigsten fühle, daß keiner mit mir wetteifern könnte in der Liebe, und darum siegt auch meine Großmut – ich mag niemand eine Schuld aufbürden, um die er ewig büßen müßte.

Mein Brief ist zerstreut geschrieben, das ist, weil ich Dich suche – sonst stehst Du vor mir, wenn ich Dir schreibe, da spreche ich mit Dir; die Hälft sind da meine Gedanken und die Hälft Deine Antwort, denn ich weiß allemal, was Du antwortest, wenn ich Dir was sage; so lerne ich immer das Tiefere, das Weise, das Bestätigende aus Dir. – Die Post geht ab – ich lasse den Brief noch liegen, vielleicht kommt ein Brief, dann bitte ich Dir gleich noch in diesem meine Beschwerde ab. – Ach, käm doch ein Brief. –

Nein, es ist kein Brief gekommen.

Ich bin böse – aber nicht auf Dich – auf mich bin ich böse, woher kommt mir die Krankheit? – ja, es ist Krankheit, und schon lange lag es in mir; – es ist ja, als ob ich nichts von Dir wisse, so verzage ich ganz; war ich denn im vorigen Jahr so bang? – da sind doch auch Zeiten vergangen, wo Du nicht schriebst. Du hast mich verwöhnt mit Deinen kleinen Briefen aus dem Rheingau; ich kenne ja doch Deine große Ruhe, in die Du manchmal so schweigsam versunken warst, daß ich oft stundenlang mit Dir war, und Du sprachst nicht, so wird's jetzt auch sein – der Nachhall Deiner stillen Begeisterung ist's, oder es wiederholen sich tiefe Melodien Deiner Seele in Dir, denen horchst Du zu. Ja! wie's in jener himmlischen zauberhaften Nacht war, auf dem Rhein, wo wir zusammen unter der blühenden Orangerie auf dem Verdeck saßen. – Wie schön war's doch, daß die grade von Köln nach Mainz fuhr und daß wir beide auf dem Schiff die einzigen waren, die in der Nacht da oben blieben, die andern fürchteten die kalte Nachtluft, das war ein rechtes Glück. Wir freuten uns, als der letzte hinabgeflüchtet war, und wir waren ganz allein, und bloß der Steuermann und die Ruder und die große Stille – und meinen Pelz warf ich um Dich und saß zu Deinen Füßen, und der deckte mich auch noch, und wie schön war die Mondnacht, es sollte nicht ein Wölkchen am Himmel sein, der unermeßliche Luftozean, in dem allein der Mond schwamm. – Da warst Du auch so stille, und wenn ich ein Wort sagte, so verlor sich's gleich im tiefen Schweigen – daß ich auch nicht mehr reden mochte aus Ehrfurcht vor der stillen Versunkenheit der ganzen Natur! – und wer kann's je vergessen, der in so heller Nacht auf dem Rhein schifft, wenn beide Ufer sich im Mondglanz baden; – und dann kam der Wind und rauschte erst leise in den Kronen und dann stärker, und es fielen Blüten auf Dich und mich, und da sah ich mich um nach Dir, hinauf zu Dir, da lächeltest Du, weil es zu schön war, was uns da widerfuhr, aber wir beide schwiegen still, um nicht zu stören alles, was sich an Schönheit rund um uns ausbreitete, und wir fuhren um die stillen Inseln und kamen näher ans Ufer, daß die Weiden herüberhingen und verwickelten ihre Zweige in unsere Bäume, und schüttelte über Dir die Krone, daß sie all ihre Blüten Dir in den Schoß warf, da warst Du erschrocken aufgewacht, denn Du warst eingeschlafen grade – einen Augenblick. – Ja, ich auch schlaf gern, wo es grad mir am seligsten ist, da ist immer die Ruhe über mir, als wäre Seligkeit nur eine Wiege und schaukelte die Seele und wiegte sie aus einem Traum in den andern hin und her, wo es schön und schöner wär. – Ich dachte da, es war ein köstlich Wohlgefühl in mir und betete es vor Gott, ich wollte nicht glücklicher sein in der ganzen Fülle der Welt als so, wie es uns beiden da beschert war, und ich fühlte mich so gestärkt und knüpfte mich getreuer an Dich. – Und gelobte mir, meinen Geist waffenfähig zu machen, und da gingen in Eile viele große kühne Taten vor mir vorüber, da ich all im Geist entschieden hatte, und da war ich so heiß einen Augenblick vor raschem Lebensentschluß und reiner Begeisterung. Und daher hab ich verstanden, was Du in Deinem Brief sagst von dem einfachen Phänomen, wo tragische Momente uns durch die Seele gehen, die sich ein Bild unsrer Lebensgeschichte auffangen, und wo die Umstände sich so ketten, daß man ein Tiefschmerzendes oder Hocherhebendes im Geist miterlebt. – Mein Gefühl aber war nicht tragisch, es war glorreich, es war jubelnd, überall war ich Sieger; – ja, recht wie ein Adler, der sich aufschwingt über den Erdenballast von allen Geschicken und der nur fliegen will, und so bin ich da auch ein paar Minuten über jenen Gelübden eingeschlafen, als wenn der Schlaf die Bestätigung aller Geisteserhebung wär! – oder ist es vielleicht im Schlummer, daß der Geist in seinen Gelübden aufsteigt? – So war's mir nach jenem kurzen Schlaf, als sei ich im Port meines Lebens angelangt und als brauche ich keine fremde Wege mehr zu suchen. – Es war, daß ich immer Dir verbleiben wollt, daß alles Glück, was uns entgegenkomme, nur Dein sein solle und daß ich's nur durch Dich genießen wolle. Drum schieden wir auch am Morgen so leicht und heiter, ich stieg in den Wagen, der mich am Ufer erwartete, um nach Frankfurt zu fahren, und Du bliebst auf dem Schiff, und ich hatte dir nicht einmal die Hand gereicht und rief nur hinüber, adieu, Günderode, und Du riefst meinen Namen. Und es war, als ob die Welt uns nicht trennen könne. – Aber wie ich eine Weile vorwärts gefahren war und sah Dein Schiff mit seinem südlichen Garten noch von weitem, da fiel mir's auf einmal ein, daß ich Dir nicht die Hand gereicht hatte und Dich nicht geküßt hatte und Du mich auch nicht auf meine Stirn, was Du doch sonst immer tatst, und jeden Abend, wenn ich von Dir ging. – Und es war mir so angst drum, daß ich gern umgekehrt wär, wenn ich gedurft hätte. – Und jetzt, wenn ich an Dich denk und Du schreibst nicht, so fällt mir's ein und ängstigt mich. Aber doch ist es ja ein gutes Zeichen, ein so sicheres Gefühl, daß wir nicht getrennt seien, und wenn doch diese schönste idealische Nacht unseres Lebens die letzte war, die wir miteinander zubrachten, so wird uns auch der Genius wieder so zusammenführen – und hin durch heiße Länder, wo kein Sehnen ist und wo wir am Morgen nicht um den Abschied sorgen, weil wir uns nicht trennen werden. – Nur, daß ich jetzt in die beschneiten Felder sehe und daß mir der Winter so tot jetzt erscheint, wo mir eine italienische Sommerglut im Herzen wogt! –

Ja, wir wollen fort, Günderode, wir zusammen; – es war ein Schicksalsruf, jene himmlische Nacht unter südlichen Blüten – sie rief uns zu dem Land dort, wohin mein Sehnen geht, um das ich schon mit der Mignon meine Nächte verweint habe. – Das erste, wenn wir uns wiedersehen, soll es sein, daß wir einen festen und reifen Plan machen. – Es ist am End ganz lächerlich, wenn wir alles Schöne und Herrliche, von dem gesprochen wird, im Geist berühren und genießen, und wir sitzen in der Wirklichkeit wie eingefroren. Ich bin begierig, ob wir's nicht dazu bringen in der pappendeckelen Welt; das ist's eben, daß sie von Pappendeckel ist. – Da fällt mir wieder mein Kindertraum ein, wo ich auf einem backsteinernen Fluß auf der Reise war und die Ruderer vergeblich Wellen schlagen wollten, und nur mit den Stechstangen ging's langsam vorwärts – und das krachte so unangenehm, es pfiff, daß es mir zwischen den Zähnchen weh tat. Ach, und die Reisegefährten schnitten so fürchterliche Gesichter – da hab ich recht in natura gesehen und ohne Schleier, was ein Philister für eine fürchterliche Lebenslarve hat. – Der Trieb zur Schönheit ist doch wohl noch das einzige, was von einer höheren Natur übrig ist. –

Am Feiertag wollt ich, der Ephraim sollt mich besuchen, es war mein Lerntag, aber weil's Feiertag war, so konnt ich einmal die Stund verplaudern mit ihm, wozu ich so große Lust hatte, und mit meinen Tannenbäumen eine Laube um seinen Sitz gebaut, das hat mir groß Vergnügen gemacht, ich schenkte ihm auch Wein ein; da kam der Professor Weiß dazu, der hatte mit ihm zu reden wegen zwei Schüler, der sprach auch mit großer Achtung mit ihm, daß er so große Kenntnisse habe. Sein Enkel holte ihn ab und blieb noch eine Weile da, aber er setzte sich nicht vor seinem Großvater und blieb stehen, und von dem Wein nippte er nur – und ich will Dir gestehen, daß ich die ganze Zeit von Dir gesprochen hab, denn ich kann auch nicht gut von anderem sprechen, weil ich doch immer dran denk, ob ich bald einen Brief von Dir krieg. – Was soll ich noch von ihm erzählen, er hat eine eigne Art, es scheint nur Bescheidenheit, aber man fühlt, daß es Herablassung ist und Güte; ich möcht Dir auch gern noch manches von ihm sagen, aber weil ich gar nichts weiß von Dir, das bricht mir den Mut, ich weiß ja nicht einmal, ob Du es mit Anteil liest. – Er sagte mir, daß er bis nach den Feiertagen, bis nach Neujahr, eine kleine Reise zu den Seinigen machen wolle, weil seine Schüler alle fort sind. Es ist eine Reise von acht Meilen – bei Butzbach –, den Weg macht er zu Fuß in dem Wetter – es ist hier ein Sausen, davon hat man in der Stadt keinen Begriff; auf dem Turm kommt allerlei Gezweig vom Wald oder von unten aus der Allee angeflogen. Gestern setzte ich mich gleich an den Boden nieder, um nicht davongetragen zu werden. –

Ich fürchte mich für den Ephraim, oder ich wollt, ich könnt mit ihm gehen, so ein Stock in der Hand und immer vorwärts geschritten, in neue Lande, wo andre Luft weht, andre Bäume blühen – jetzt hat's aber noch eine Weile Zeit damit; – so ruhig sprechend – mit einem Weisen aus Morgenland. – Ich bin von Natur so neugierig, wenn ich nur in ein unbekannt Dorf komm, da kommt mir alles so sonderbar vor, und die kleinen Reisen, die ich bis jetzt gemacht hab – wie war mir alles so auffallend – wenn wir im Dunkel vor einem Posthaus hielten, wie sah mich da der halb erleuchtete Gang so seltsam an, als könnt er sprechen und erzählte mir: ja, hier gehen allerlei Geschichten vor! – und so eine Nacht, in unbekannter Gegend gefahren oder im fremden Nachtquartier, wenn man da aus dem Traum aufwacht und hört die Glock schlagen und noch eine und dann wieder eine. Da dacht ich als: da sind also viele Kirchen, wie mögen die aussehen? und dann der Nachtwächter, der ein ganz fremd Lied singt mit heiserer Stimme, und die Schellen an den Häusern, die man noch läuten hört, und dann am Morgen sieht alles wieder anders aus und ist wieder so neu und überraschend, als wär die ganze Welt wie ein Spielsachenladen, und Häuser und der Markt vor der Tür und die Leute, die da wohnen und laufen, das sei lauter Spielzeug, und die Hunde, die herumspringen, die Brunnen, wo die Leut Wasser holen, das kommt einem alles vor bloß wie zum Vergnügen, lauter Bilder, man freut sich, daß alles so niedlich eingerichtet ist und gar nichts vergessen. So fremde Orte, sie sind wie Feenmärchen. – Das alles möcht ich mit Dir genießen! Es ist ja nur der Eingang, aber Himmel und Erde, im Freien – in die Weite hinaus –, wo man stumm steht und sieht die Berge sich aufrichten und mit dem Morgenlicht sich küssen und alles Unendliche, was da vorgeht, was stumm macht und alle Weisheit überflüssig, denn wie's Kindchen, wenn ihm die Milch zuströmt aus der Mutter Brust, genug damit zu tun hat, sie zu schlucken, mit der Fülle fertig zu werden, so ist's auch mit der Natur, sie gibt so vollauf dem Blick, dem Herzen, daß es nicht zu Atem kommen kann. – Aber der Ephraim liegt mir am Herzen, daß der jetzt, wo die Natur schläft und nur aufrührische Träume hat, die eisige, bergige Straß wandert, wo es so früh Nacht ist und wo er in schlechte Herbergen kommt; aber er sagt, er habe einen Tag schon versäumt wegen dem Wetter, und seine Enkel warten alle auf ihn, die würden so schon in großen Sorgen um ihn sein, und das Sturmwetter werde er schon ertragen, er habe es schon mehr mitgemacht, und sein Enkel trägt den Bündel. – Er muß die Kinder sehen; da muß man ihn nicht abwendig machen, er sah auch gar nicht sorglich aus. – Dürft ich nur, wie ich wollt, so hätt ich einen bequemen Wagen ihm vor die Tür fahren lassen; und ich hatte Lust dazu, hätt ich's nur heimlich tun können, aber ich fürcht, man hätt geschrien, ich wär extravagant, ich wollt die Sonderbare spielen, und gelitten wär's doch nicht worden, denn von Verkehrtheiten muß ich abgehalten werden. – Außer dem Clemens, der hätt das gewiß recht gern gewollt. – Nun hab ich diese acht Tage Sorge um Dich und um den alten Mann. – Ich fürcht mich vor dem Turm. Ich will aber oder ich muß hinauf. – Das ist zum dritten Male, daß mir so was begegnet, daß mich so was fesselt, nächtlich und geheim an einen Ort zu gehen, wo mich die Geister hinbestellen.

Wie ich ganz klein war, der Vater hatte mich am liebsten von allen Kindern, ich kann kaum zwei Jahr alt gewesen sein, wenn die Mutter was von ihm zu bitten hatte, da schickte sie mich mit einem Billett zu ihm, denn sie schrieben sich immer, sie sagte, wenn der Papa das Billett liest, so bitte, daß er ja schreibt, und er richtete oft nach meinen Bitten seinen Beschluß. Er sagte, mein liebes Kind, weil du bittest, so sag ich ja, ja. – Alle Kinder fürchteten sich vor dem Vater, denn so freundlich er war, so hatten alle eine Ehrfurcht, die sie hinderte, ihrer Lustigkeit nachzugeben, und ein ernstes Gesicht vom Vater machte, daß sie alle vor ihm wichen; ich hatte viel mehr Lust, mit ihm zu spielen, und wenn ich wußt, daß er nachmittags allein auf dem Sofa schlief, wo niemand sich ins Zimmer getraute, da schlich ich auf den Zehen herein und konnt mich so geschickt um seinen Leib schmiegen und auf der andern Seite wieder heraus, das konnt ich so geschickt, da gab er mir allerlei italienische Schmeichelnamen im Schlaf und schlief dann weiter fort. – Er war niemals verdrießlich. – Wie die Mutter starb, da fürchteten sich alle Kinder vor seinem Schmerz, keiner wagte sich in seine Nähe. Abends war er allein im Saal, wo ihr Bild hing, da lief ich hinein und hielt ihm den Mund zu, wenn er so sehr schmerzvoll seufzte. – Ich besinn mich, daß ich als gern in der Karmeliter-Kirch war, wo niemand mehr hineinging, sie war immer leer, weil sie so düster ist und weil so viel Tote da begraben liegen; Vater und Mutter liegen auch da und viele Geschwister. Ich hab mich niemals gefürchtet vor traurigen Orten. – Wie manchmal, wenn die Sonn drauß schien, da ging ich hinein, da war's so feucht und so trüb, daß man glaubte, es sei der traurigste Herbsttag. – Ich erzähl Dir's – ich wollt Dir nur sagen, ich scheu mich nicht vor traurigen Orten und auch nicht vor traurigen Menschen, und wenn Du was hast, was Dich trübsinnig macht, so brauchst Du mir's nicht zu sagen, aber scheu Dich doch nicht vor mir, ich weiß so still zu halten.

Gestern hatt ich mich den ganzen Tag gesehnt nach dem Abend, weil ich auch am Tag keine Ruh hab. Wenn ich doch ein einzig Wort von Dir hätt nur, über Dich! – Ich hab nur lauter Halbgedanken, sie kommen tief ans der Brust, aber ich mag sie nicht prüfen. – Wenn Du mir das einzige schreibst: ›Bettine, ich bin dir gut‹ das wär genug! wär ich doch wie die Uferfelsen, die den stürzenden, verspritzten Lebensstrom wieder im ruhigen Lauf sammeln, und jede Welle, jeder Gedanke in Dir würde freundlich an mir vorüberbrausen, ich wollt sie nicht fesseln. – Ach, ich sag nicht, daß ich Dich liebe, aber doch mein ich, ich wollt gern Dir mein ganz Leben aufopfern, und ich kenn niemand, dem ich das wollt, aber Dir wollt ich's. Aber wenn Du mir auch nicht vertrauen kannst, darum will ich nicht bitten. Es ist mir alles eine große Schrift in Dir, es ist mir alles Geist! – Mein Gott! was hast Du getan, gedacht, was ich nicht mit vollen Sinnen genossen hätt! – Und so oft hab ich in Dir erkannt was ich in mir selber nicht zur Gewißheit bringen konnt! – wenn mir ahnte. Die ersten kühnen Gedanken, die zum ersten Male die engen Lebensgrenzen überbrausten, daß ich verwundert war, über Geist, und überrascht, wo hab ich sie doch gelesen? – sie standen auf Deiner Stirne geschrieben – wieviel sich kreuzende Stimmen hast Du doch entwirrt in meiner Brust und meine wilde Gedankenlosigkeit – Du hast sie so sanft eingelenkt und mir gelehrt, freudig mitspielen. – Der Sinn der Welt ist mir einleuchtend geworden durch Dich, ich hätt ihn nimmer geheiligt, ich hätt ihn immer verachtet. Denn früher dacht ich oft, zu was ich doch geboren sei? aber nachher, wie du mit mir warst, da hab ich nicht mehr so gefragt – da wußt ich, daß alles Leben ein Werden ist, und nur eine freudige Ungeduld hat mich zuweilen noch übermannt, ein übereilend Erharren der Zukunft, keine Trauer mehr, nein, ich weiß nichts mehr, was mich geschmerzt hätt seit dem Augenblick, wo ich Dich kenne. – Dort in Offenbach, der Tage erinnere ich mich; kann's dem Busen der Erde so üppig entkeimen als mir die Lebensfülle unter Deinem warmen, belebenden Hauch? – Oh, glaub mir's, ich taumelte oft im Geist, weil die Gedanken so weich sich mir unter das strömende Gefühl betteten, oft, wenn ich am Abend in die weite Purpur-Landschaft sah, dort, wo ich aufs Dach stieg, bloß um zu fühlen, wie's Leben doch tut in der Brust, es war mir ja noch so neu, da mußt ich denken, daß ich ganz alles mit sei, was ich sah – solche Purpurwogen durchwallten mich – und es war ein Reichtum, den ich in mir ahnte, und es war mir alles durch Dich geschenkt! – ja, ich zweifle nicht, es ist ein Kern, ein edler in mir, der wurzelt, und der mich mir selber wiedergibt. Du hast diesen Kern in mich gebildet; Mut! umsichtige Heiterkeit sind seine ersten Blüten gewesen, und jeden Tag will er mehr Blüten treiben wie der Baum inmitten wohltätiger Natur! – alles Schicksal nehm ich hin wie Wind und Wetter und kann's tragen, denn Du hast mich gesund gemacht – aber wenn ich nun ausgerissen wär aus dem Boden, das wird doch nicht sein? – nein, das kann niemals wahr werden. O kein Erdbeben! das den Berg verschlinge, dessen Gipfel den schwachen Stamm trägt – blühend weit hinaus in die Ferne! – und so wohl sich fühlt, weil er alle Güte der Sonne empfindet, weil ihm alle Echo erklingen von den weiten Bergen und weil er so weit umher die lachende Natur beherrscht, weil er so hoch steht, so einsam, so glücklich, und alles allein, weil er in Deinen Busen gepflanzt ist. – Dann bin ich schlafen gegangen, wie ich so weit geschrieben habe, und hab vergessen, auf den Turm zu gehen, wo ich doch den ganzen Tag unruhig danach war, und schlief so fest ein. Ach, war ich denn krank gewesen, daß ich wieder so ganz gegen meinen eigentümlichen Willen nicht traurig zu sein, so an Dich schrieb? – aber wie ich aufwachte, da besann ich mich, daß es zum erstenmal war, wo ich den Turm versäumte, sprang auf und warf einen Mantel um, so war ich oben angelangt, noch eh ich mich besann, ob's nicht die Geisterstund sein könne, meine Hast war zu groß, als daß ich mich hätt fürchten können – denn ich dacht, wenn nun schon Mitternacht vorbei wär, so hätt ich einen Tag versäumt. Nein, das will ich nicht, ich hab Dich da oben in der freien Natur allen guten Mächten hingegeben, die Sterne wissen von Dir, und mag's gehen, wie es will, ich will nichts versehen bei meinen Gelübden. Ich hab zu ihnen gesagt von Dir und sie in Pflicht genommen über Dich, ich bleib ihnen zugetan, und mein Gefühl ihrer Erhörung, ihres Bewußtseins meiner heißen Lebensbedürfnisse, das will ich nicht schwächen, indem ich nicht feierlich mein Versprechen achten sollt. – Es war auch schön dort oben, der reinliche Schnee bewahrte noch Deinen Namen unverletzt vom vorigen Tag, und ich setzt mich auf die Mauer und lauschte in die Stille, und da schreib ich Dir hin, was mir so im Geist ist aufgegangen, so wie ein Sternbild nach dem andern ist hell geworden.

>Ich trinke die Liebe, um stark zu werden; wenn ich denke, so bewegt mich heimliche Begeisterung für meine eigne Erhöhung – wenn ich liebe, auch. – Nur: in der Liebe fühl ich mich flehend wie im Tempel, wenn ich denke, kühn wie ein Feldherr.<

>Alles von sich selber verlangen, ist der nächste und unmittelbarste Umgang mit Gott; dem Göttlichen geben die Sterne die sicherste Gewährleistung für die Erfüllung eines höheren Willens – die dreiste Überzeugung, daß wir unserer Forderung genugtun sollen.< – So raten uns die Sterne. – Günderode, drum sei ja mutig zu allem, und endlich kann auch kein falscher Trieb sich dazwischen durchwuchern, denn die Seele ist ganz erfüllt vom eigenen Geist und allein für ihn tätig.

Das haben mir die Sterne für Dich gesagt, als ich sie fragte um die tiefen Lebensgeheimnisse in Deiner Brust, sie wollen, Du sollst Deinen Schild tragen – kühn und frei über die Lebensgipfel weg. Alles ist Höhe, nichts ist Tiefe. Du sollst sie schauen, die so hoch sind, vor denen nichts Abgrund ist, was ihr Licht nicht entbehrt.

>Es gibt eine Zauberkunst, ihre Hauptgrundlage ist des Geistes fester Wille zum Mächtigen, der sich auflöst in die Übermacht dessen, was er im Geist erkennt.<

So hast Du mir einmal gesagt, und die Sterne haben mich gemahnt, ich soll Dich dran erinnern.

>Nie muß man dem Höheren gegenüber selbst etwas wollen, sonst wehrt man sich gegen den eignen Willen.< Das haben die Sterne noch hinzugefügt und mich gemahnt, ich soll Dir das scharf und eindringlich wiedersagen. – Ich leg mir das so aus, der Mensch soll nicht dem eignen Schicksal nachgehen, denn es gibt kein Schicksal für den Geist als das göttliche – diesem gegenüber sollen wir alles als klein verachten. –

Noch sagen die Sterne: >Ohne Zauber kann sich der innere Mensch nicht erscheinen< – oh, die Sterne sind gütig, sie sagen viel und Großes und bedeuten uns, daß wir selber groß sind.

>Ach, das Endziel aller Wahrheit ist, sie hinzugeben an höhere Wahrheit, sie ist Zauber, durch den der innere Mensch sich erscheint, sie ist Entwickeln der göttlichen Natur; der Himmel entwickelt sich aus der Sehnsucht, und aus des Himmels unendlichem Frieden wird höhere Sehnsucht sich entwickeln; die Wahrheit geht hervor aus der Wahrheit und geht über in Wahrheit.

Das höchste, was die Wahrheit vermag, ist sich auflösen in höhere Wahrheit; – ja, sie sagt nein! – verneint sich. – Nie darf der Geist sich am höchsten halten, sondern jene muß er höher halten, auf die er wirkt, denn die befördern ihn, entwickeln ihn.

Die Wahrheit, die Lieb ist Sklave, der ist Herr, den sie nährt.<

So reden die Sterne, wenn ich mit ihnen von Dir spreche – sie lieben Dich, sie sind Deine Sklaven, die höhere Erkenntnis, die sie auf Dich herabblitzen, die entwickelt ihr Vermögen, auf den Menschengeist zu wirken, das Hohe auszusprechen, und sie werden mehr noch sagen, wenn's Dein Ohr trifft. – Oh, sie sagten es mir für Dich in der Neujahrsnacht – – und viel reicher war die Saat liebender Mahnungen, aber ich konnt's nicht alles tragen in meinem Geist was sie sagen; – vertrau ihnen, und Du wirst erleben – schwere Garben bring ich Dir heimgeschleppt; – da siehst Du, was Leben ist, Keime der Erkenntnis säen die Sterne Dir in Geist, und Du wolltest verzweifeln, weil Deine Füße am Boden wurzeln. – Ja, das ist's, Deine Seele hat Licht getrunken und will nun schlafen, so leg Dich doch und ruhe, ich will sorgen, daß Du schlafen kannst und wachen zugleich – und wart doch, was die Sterne endlich mit uns anfangen, bist Du nicht neugierig? – was gottgesandte Boten Dir zuflüstern, magst Du das nicht erlauschen, und kannst Du nicht alles andere darüber vergessen? –

O hör, denn als sie so gesprochen hatten, da bekräftigte der Schlag von Mitternacht, in die tiefe Einsamkeit hineinschallend, daß, so die

Jahre hinabrollen, der Geist doch ewig blühend am Himmel steht und daß unsere Begeisterung dieser Jugend zuströme, das stürmte mir herauf aus der tiefen Stadt, wo alles lebend, jubelnd die verjüngte Zeit begrüßte. Warum rührten sie die Trommeln und schmetterten von den Kirchtürmen – die Trompeten! – und warum erfüllte das Jauchzen die Luft? als weil die ewig sich verjüngende Zeit alle kindliche Freudenstimmen weckt über die unsterbliche Jugend. – Mir war so selig dort auf der schwindelnden Höh, wo die Studentenlieder wie ein Meer um mich himmelan brausten und mich einhüllten in ihren Jubellärm wie in eine Wolke und aufwärts trugen. Oh, wie schön ist's in der Welt, denk doch, so viel junge Stimmen hier im kleinen Städtchen, alle freudebrausend! – wer wollte im Leben wohl etwas beginnen, was dieses heitere Jugendleben zu schwerem, innerem Verantworten niederbeugte! – O nein, schon wegen der Jugend heiligem Recht, in Fülle den Strom auszubrausen, möcht ich im eignen Busen die ewige heitere Lebenskraft nicht ablenken. – Sieh, junge Günderode, Deine Jugend ist die des heutigen Tages, Mitternacht hat's bekräftigt, die Sterne mahnen Dich und verheißen Dir, daß Du ihnen Deinen Geist sollst zuströmen, die auffahren voll jubelndem Feuer, in Chören ihre Begeisterungslieder herüberjauchzen ins neue Jahr! – sie begrüßen Deine Zeit! – daß sie Deiner Begeisterung geboren sind, das macht die junge Herzen jauchzen, oh, verlasse die Deinen nicht und mich nicht mit ihnen; verlasse Dich auf den Genius, daß er aufrecht stehe in Dir und groß walte zwischen Geist und Seele.

Was könnte Dich doch verzagen machen? – sieh doch, wieviel Leben verdirbt, aber doch ist's nur scheinbar, es steht mit verschwisterten Gewalten wieder auf und versucht's von neuem. Aber das muß nicht sein, daß Du Dich aus ihren Reihen losketttest, denn alle gehören einander, und das muß Dich nicht traurig machen, daß manches, was sie als Tugend preisen, nur glänzende Fehler sind. Ist doch oft auch Tugend, was Fehler ist.

Ich mag diesen Brief nicht schicken; ich bin nicht zu entschuldigen, schieb's aufs Wetter in meiner Brust. Es ist Gewitterzeit in mir, wie konnt es so angstvoll in mir aufsteigen sonst? – Gewitter sind's, die über mich hinstürzen und alle blühende Kraft niederdrücken, und das Gewölk hängt schwer über mir, und das Herz arbeitet und glüht und möcht sich Luft machen und zückt; denn sonst könnt ich nicht so schmerzvolle Augenblicke haben und immer so schwere Gedanken über Dich. Aber es ist auch traurig, heut erhalt ich erst Nachricht von der Claudine, daß Du sie beauftragt hattest, mir Deine Abwesenheit von Frankfurt zu schreiben, und daß Du bei der kranken Schwester bist. Mein Herz ist der brausende Brunnen, ein paar Tropfen Öl besänftigen ihn ja, ich war ganz verkehrt, ich erwache vom bösen Traum. Ach, Gott sei Dank, daß es anders ist. – Ich bin noch niedergeschlagen und seh die Träume unwillig dahinziehen am düstern Tag, sie hätten mich wohl länger noch gepeinigt. – Wie Du auch meine Briefe aufnehmen magst, ich will Dich der Mühe überheben, mich darüber zurechtzuweisen, und will's alles vor Dir aussprechen, was ich von mir denk. Ich hab Dir eine Reihe von Briefen geschrieben, ich weiß nicht mehr was; – sollt ich mir Rechenschaft geben, was ich damit wollte, enthielten sie selber eine Rechenschaft meines Seelenlebens? – ist ein einziger früherer Vorsatz drin nur berührt? – ist mir nicht alles fern abgeschwunden, was ich mir als heilig Gelübde auferlegte? hab ich nicht mir und Dir zugesagt, ich wolle mich streng den Bedingungen einer Kunst unterwerfen? hab ich nicht immer und immer aufs neue wieder alles Begonnene verfaselt? – und was konntest Du mit mir endlich anfangen? ich gestand Dir immer alles zu, ja, ich sagte mir täglich deine wahren, deine tiefen Begriffe vor, über die Anstrengung des Geistes in sich zu erzeugen, was noch ungeboren ist in ihm. Einmal sagtest Du: »Ich begreife aus dem Sehnen des Geistes, sich der Künste und Wissenschaften zu bemächtigen, daß die fruchtbare Erde nach dem Samen sich sehnt, den sie zu nähren vermag.« Und Du sagtest zu mir: »Deine ewige Unruh, Dein Schweifen und Jagen nach allem, was im Geist erwachsen könnt, selbst Dein Widerspruch dagegen beweist, daß Dein Geist fruchtbar ist für alles.« Und wolltest, ich sollte nur das eine Opfer bringen und eine Zeit mich einem ganz unterwerfen, dann werde sich zu allem Platz und Reife bilden. Und sagtest: »Was ist denn Zeit, wenn sie nicht ewiges Bilden der Kräfte ist? – Und ist eben die Mühe des Erwerbens nicht auch sein höchster Ertrag? – und keine Anstrengung ist umsonst, denn am End ist jede Anstrengung die höchste Übung des Erzeugens, und wer seinen Geist mit Anstrengungen nährt, der muß zum Erschaffen, zum Wiedererzeugen verlorner Geistesanlagen, nicht allein in sich, sondern in allen seiner Zeit geschickt werden.« Und Du sagtest noch viel, wo ich voll Feuer war, Dir allein zu folgen und alles mir zuzumuten, ich mußte mir sagen, daß ich allein in Dir Licht fand über das Leben und daß Dein Geist heilige Religion sei und daß ich eine Ahnung faßte, zu was der Mensch geboren sei; ja, und daß er immerdar vereinigt sein soll mit Gott, das heißt, immer in heiliger Anstrengung begriffen, ihn zu fassen. Ja, was ist denn Kunst und Wissenschaft? wenn es nicht die Anlagen sind eines geistigen Weltgebäudes. Was ist denn irdisch Leben, wenn nicht der sinnliche Boden, aus dem eine geistige Welt sich erzeugt – und Du sagtest: »Wär man nicht zornig, wie könnt einer sanftmütig werden, und wär die Lüge nicht, wie könnten wir zu Helden der Wahrheit werden?« – Und weil ich Dich nicht verstand, so sagtest du: »Hätte die Welt nicht widerstanden, wie konnte Cäsar ein Eroberer werden?« – Da war mir plötzlich alles deutlich, und ich war so glücklich, mein eignes Selbst meiner Anstrengung zu danken zu haben, daß ich wohl begriff: dies sei die einzige göttliche Gewalt in uns, uns zu freien Naturen zu bilden, nämlich, alles aus eigner, freier Anstrengung zu erwerben, und was ist Freiheit, wenn nicht: Gott sein? Alles aus freier Anstrengung erwerben, ist die erste Bedingung einer göttlichen Natur.

Und diesen Forderungen von Dir habe ich geschworen, wie einer auf die Fahne schwört, und war meiner eignen Begeisterung so gewiß und hätte mir's zugetraut, alles mit Ernst und Treue zu verwalten, was die innere Stimme mir auferlegte, und dieser geheime Trieb, göttlich zu werden, durchdringt mich noch. Und wenn ich hundertmal eins ums andre verlassen hab, so verzag ich nicht, wieder zu beginnen. Ich will zu Dir, in Deinem Schoß will ich lernen; ich weiß, daß es so sein muß, daß wir beieinander sind. Wenn ich Dir nicht jeden Tag enthüllen kann, was für Gedanken in mir aufsteigen, dann bin gleich weggerissen. Ja, das muß ich Dir auch noch von mir sagen, daß ich's oft nicht weiß, wie es kommt, daß ich oft plötzlich weit von dem, wozu ich mich ganz hingewendet hab, hinweggerissen bin – nicht mit meinem Willen, aber ich bin dann erfüllt und bestürmt vom Denken, dem muß ich folgen; und ermüdet bin ich dann – aber so ermüdet, wenn ich mich wieder zu dem finde, was ich erlernen oder mir aneignen will. Und das ist meine Sünde. Ich sollte diese Schwäche abweisen. Der Geist soll nicht ermüdet sein, er soll die Müdigkeit abweisen. – Weiß ich doch, daß ich im Rheingau bei langen Wegen, die oft vier bis fünf Stunden weit waren, mir sagte, ich will nicht müde sein, und dann, als sei ich neu geboren, den Weg wieder zurücklegte. Das vermag der Geist über den Leib, aber über den Geist selbst, da ist der innerliche Geist, der ihn zähmt oder weckt, noch nicht stark. Ja, vielleicht bin ich's selbst, der ihn verleugnet, aber Dich nicht. In Dir konnt er mit mir sprechen. Und es ist nicht aller Tage Abend, betrachte alles als ein Vorspiel, als ein Strömen noch verwirrter und verirrter Gefühle und Kräfte. Ach, verzweifelst Du, daß je das Gewölk in meinem Geist sich teile? und das Licht Ordnung herabstrahle? – Ich hab Zuversicht, ich verzweifle nicht, ein ewiger Trieb, zu empfangen, ein rasches Bewegen in meiner Seele, die sagen mir gut. – Und Du wirst mich nicht verwerfen. – Es wird ja schon wieder Tag! die Eos tritt aus der Dunstluft hervor, und mir ist wohl geworden über dem Schreiben; ich träume nicht mehr, daß der Donnerer mein Schiff zerschmettre und in die Wellen versenke – weil es gefrevelt ist, an ihm, der auf hephästischen Rädern die Rosse zum Sonnenmeer treibt, sie da zu baden. Nein! ich führ neben Dir her, am Strand die reinen Lämmer ihm entgegen; und ich gehöre zu Dir, wenn Du sein gehörst. –

Bettine

### An die Bettine

Ich mußte abreisen und konnte Dir nicht einmal ausführlich schreiben. Eine Schwester, die schon länger unwohl ist und jetzt nach mir verlangte. Das wird mich auch wohl so bald nicht dazu kommen lassen. Denke nicht, ich vernachlässige Dich, liebe Bettine, aber die Unmöglichkeiten, dem nachzukommen, was ich in Gedanken möchte, häufen sich, ich weiß sie nicht zu überwinden und muß mich dahintreiben lassen, wie der Zufall es will; Widerstand wär nur Zeitaufwand und kein Resultat, Du hast eine viel energischere Natur wie ich, ja, wie fast alle Menschen, die ich zu beurteilen fähig bin, mir sind nicht allein durch meine Verhältnisse, sondern auch durch meine Natur engere Grenzen in meiner Handlungsweise gezogen, es könnte also leicht kommen, daß Dir etwas möglich wäre, was es darum mir noch nicht sein könnte, Du mußt dies bei Deinen Blicken in die Zukunft auch bedenken. Willst Du eine Lebensbahn mit mir wandeln, so wärst Du vielleicht veranlaßt, alles Bedürfnis Deiner Seele und Deines Geistes meiner Zaghaftigkeit oder vielmehr meinem Unvermögen aufzuopfern, denn ich wüßte nicht, wie ich's anstellen sollte, Dir nachzukommen, die Flügel sind mir nicht dazu gewachsen. Ich bitte Dich, fasse es beizeiten ins Aug und denke meiner als eines Wesens, was manches unversucht muß lassen, zu was Du Dich getrieben fühlst. Wenn Du auch wolltest, manches Recht, was Du ans Leben hast, aufgeben, um mit mir zusammenzuhalten, oder besser gesagt, Du wolltest von dem Element, das in Dir sich regt, nicht Dich durchgären lassen, bloß, um dich meiner nicht zu entwöhnen; das wär ja doch vergeblich. Es gibt Gesetze in der Seele, sie machen sich geltend, oder der ganze Mensch verdirbt, das kann in Dir nicht so kommen, es wird immer wieder in Dir aufsteigen, denn in Dir wohnt das Recht der Eroberung, und Dich weckt zum raschen, selbstwilligen Leben, was mich vielleicht in den Schlaf singen würde, denn wenn Du mit des Himmels Sternen Dich beredest und sie kühn zur Antwort zwingest, so würde ich eher ihrem leisen Schein nachgeben müssen, wie das Kind der schlummerbewegenden Wiege nachgeben muß. – Alle Menschen sind Dir entgegen, die ganze Welt wirst Du nur durch den Widerspruch in Deiner Seele empfinden und erfahren, keine andere Möglichkeit für Dich, sie zu fassen. Wo wirst Du je eine Handlung, weniger noch eine Natur treffen, die mit Dir einkänge? – es ist noch nicht gewesen und wird auch nie sein (von mir will ich Dir nachher reden). Was andern Menschen die Erfahrung lehrte, wozu sie sich bequemen, das ist Dir der Unsinn der Lüge. Die Wirklichkeit hat als verzerrtes Ungeheuer sich Dir gezeigt, aber sie hat Dich nicht gescheucht, Du hast gleich den Fuß draufgesetzt – und obschon sie unter Dir wühlt und ewig sich bewegt, Du läßt Dich von ihr tragen, ohne nur der Möglichkeit in Gedanken nachzugehen, daß Du einen Augenblick mit ihr eins sein könntest. Ich spreche von heute und mehr noch von der Zukunft; ich wollte Dir wünschen, es kämen Augenblicke in Deinem Leben, wo Dir dieses Zusammenströmen mit andern Kräften gewährt wär. Erinnerst Du Dich Deines Traumes auf der grünen Burg, den Du mir in der Nacht erzähltest, wo ich Dich weckte, weil Du sehr im Schlaf geweint hattest? Ein Mann, der zum Wohl der Menschheit – ich weiß nicht mehr, welche Heldentat – getan hatte, sei zum Richtplatz um dieser großen Tat willen geführt worden. Das Volk habe in seiner Unwissenheit darüber gejubelt, und in Dir sei große Begierde gewesen, zu ihm aufs Schafott zu gelangen, aber der Streich sei gefallen noch kurz vorher, wie Du eben glaubtest, oben zu sein. Du kannst den Traum nicht vergessen haben, Dein schmerzlich Weinen bewegte mich mit, so daß ich kaum wagte, Dich zu erinnern, daß es nur ein Traum sei, aber dies war eben, worüber Du untröstlich warst. Du meintest, nicht im Traum sei Dir's gegönnt, das auszuführen, was in Deiner Seele spreche, vielmehr noch verzweifelst Du an der Wirklichkeit. Damals, in der Nacht, habe ich gescherzt, um Dich ein wenig zu trösten, aber heute fühl ich mich bewogen, jene Frage, ob es nicht ein Verlust sei, nicht zusammen mit jenem Helden im Traum gestorben zu sein, wieder aufzunehmen; ja, es war ein Verlust, denn das Erwachen, das Fortleben nach so bestandner Prüfung Deiner tiefen, inneren Anlagen, die ja doch so selten in der Wirklichkeit sich bewähren und bestätigen, mußte Dir ein Triumph sein, einen Genuß gewähren, wenn es auch nur im Traum war; denn im Traum scheitert die edelste Überzeugung wie oft. – Und ich stimme mit Dir ein, daß es ein Streich war, den Dir Dein Dämon spielte, aber ein Weisheitsstreich; – wärst Du befriedigt worden im Traum, so wär Deine Sehnsucht, das Große getan zu haben, vielleicht auch befriedigt. Und was konnte daraus hervorgehen für Dich? – vielleicht jene nachlässige Zuversicht in Dich selber, was Savigny allenfalls Hochmut nennen würde? – nein, das wohl nicht, aber doch würde die Spannung wahrscheinlich nicht geblieben sein, die jetzt, ich wollt es wetten, bei der leisesten Anregung jener unerfüllten Sehnsucht sich wieder erneuen wird.

Ich wollte Dir wünschen, Bettine (unter uns gesagt, denn dies darf niemand hören), daß jede tiefe Anlage in Dir vom Schicksal aufgerufen würde und keine Prüfung Dir erlassen, daß nicht im Traum, aber in der Wirklichkeit Dir das Rätsel auf eine glorreiche Art sich löse, warum es der Mühe lohnt, gelebt zu haben. – Pläne werden leicht vereitelt, drum muß man keine machen. Das beste ist, sich zu allem bereit finden, was sich einem als das Würdigste zu tun darbietet, und das einzige, was uns zu tun obliegt, ist, die heiligen Grundsätze, die ganz von selbst im Boden unserer Überzeugung emporkeimen, nie zu verletzen, sie immer durch unsre Handlungen und den Glauben an sie mehr zu entwickeln, so daß wir am End gar nicht mehr anders können, als das ursprüngliche Göttliche in uns bekennen. Es gibt gar viele Menschen, die große Weihgeschenke der Götter mitbekommen haben und keines derselben anzuwenden vermögen, denen es genügt, über dem Boden der Gemeinheit sich erhaben zu glauben, bloß weil der Buchstabe eines höheren Gesetzes in sie geprägt ist, aber der Geist ist nicht in ihnen aufgegangen, und sie wissen nicht, wie weit sie entfernt sind, jenen Seelenadel in sich verwirklicht zu haben, auf den sie sich so mächtig zugut tun. – Dieses scheint mir also die vornehmste Schule des Lebens, darauf zu achten, daß nichts in uns jene Grundsätze, durch die unser Inneres geweiht ist, verleugne, weder im Geist noch im Wesen. Jene Schule entläßt den edlen Menschen nicht, bis zum letzten Hauch seines Lebens. Dein Ephraim wird mir recht geben und ist ein Beweis dafür. Ich glaub auch, daß es die höchste Schicksalsauszeichnung ist, zu immer höheren Prüfungen angeregt zu sein. – Und man müßte wohl das Schicksal eines edlen Menschen aus seinen Anlagen weissagen können. – Du hast Energie und Mut zur Wahrhaftigkeit, und zugleich bist Du die heiterste Natur, die kaum das Unrecht spürt, was an ihr verübt wird. Dir ist's ein leichtes, zu dulden, was andere nicht ertragen können, und doch bist du nicht mitleidsvoll, es ist Energie, was Dich bewegt, andern zu helfen. – Sollt ich Deinen Charakter zusammenfassen, so würd ich Dir prophezeien, wenn Du ein Knabe wärst, Du werdest ein Held werden; da Du aber ein Mädchen bist, so lege ich Dir all diese Anlagen für eine künftige Lebensstufe aus, ich nehme es als Vorbereitung zu einem künftigen energischen Charakter an, der vielleicht in eine lebendige regsame Zeit geboren wird. – Auch wie das Meer Ebbe und Flut hat, so scheinen mir die Zeiten zu haben. Wir sind in der Zeit der Ebbe jetzt, wo es gleichgültig ist, wer sich geltend mache, weil es ja doch nicht an der Zeit ist, daß das Meer des Geistes aufwalle, das Menschengeschlecht senkt den Atem, und was auch Bedeutendes in der Geschichte vorfalle, es ist nur Vorbereiten, Gefühl wecken, Kräfte üben und sammeln, eine höhere Potenz des Geistes zu erfassen. Geist steigert die Welt, durch ihn allein lebt das wirkliche Leben, und durch ihn allein reiht sich Moment an Moment, alles andere ist verflüchtigender Schatten, jeder Mensch, der einen Moment in der Zeit wahr macht, ist ein großer Mensch, und so gewaltig auch manche Erscheinungen in der Zeit sind, so kann ich sie nicht zu den Wirklichkeiten rechnen, weil keine tiefere Erkenntnis, kein reiner Wille den eignen Geist zu steigern sie treibt, sondern der Leidenschaft ganz gemeine Motive. Napoleon zum Beispiel. – Doch sind solche nicht ohne Nutzen fürs menschliche Vermögen des Geistes. Vorurteile müssen ganz gesättigt, ja gleichsam übersättigt werden, eh sie vom Geist der Zeit ablassen. Nun! welche Vorurteile mag wohl dieser aller Held schon erschüttert haben? – und welche wird er nicht noch bis zum Ekel sättigen? wie manches werden die zukünftigen Zeiten nicht mit Abscheu ausreuten, dem sie jetzt mit leidenschaftlicher Blindheit anhängen. Oder wollte es möglich sein, daß nach so schauderhaften Gespensterschicksalen der Zeit nicht gegönnt sei, sich zu besinnen? – Ich zweifle nicht dran, alles nimmt ein End, und nur was lebenweckend ist, das lebt. – Ich habe Dir genug gesagt hierüber, Du wirst mich verstehen. Und warum sollte nicht ein jeder seine eigne Laufbahn feierlich mit Heiligung beginnen, sich selbst als Entwicklung betrachtend, da unser aller Ziel das Göttliche ist, wie und wodurch es auch gefördert werde? – Ja, ich habe dir genug gesagt, um Dir nahzulegen, daß jene Anlagen des höheren Menschengeistes das einzige wirkliche Ziel Deiner inneren Anschauung sein müsse, daß es Dir ganz einerlei sein müsse, ob und wiefern Dein Vermögen zur Tätigkeit komme. Innerlich bleibt nichts ungeprüft im Menschen, was seine höhere ideale Natur hervorbringen soll. – Denn unser Schicksal ist die Mutter, die diese Frucht des Ideals unterm Herzen trägt. – Nehme Dir aus diesen Zeilen alles, was Deine angehäuften Blätter berührt, beschwichtige Deine Ängstlichkeit um mich damit. Lebe wohl, und habe Dank für alle Liebe, und auch den guten Ephraim grüße in meinem Namen, und schreib mir von ihm, und sprich auch mit ihm von mir.

Deine Schwester Lullu fragte mich, ob Du wohl mit ihnen auf ein paar Monate nach Kassel gehen werdest. Tu es doch, mir ist's, als würde eine Unterbrechung Deines Lebens Dir jetzt gesund sein, obschon ich sonst nicht dafür sein würde.

Karoline

An die Günderode

Ich hab einmal tief aufgeatmet. Dein Brief ist da! weißt Du, was ich getan hab? Drei Tag hab ich mich hingelegt und mich gestreckt und geruht, als wär ich einer schweren Arbeit los. – Ich will gewiß nie wieder so sein. Doch wer kann für solche Gewitterluft? Über Deinen Brief will ich gar nicht mit Dir sprechen, als bloß, daß ich Dich mit heimlichen Schauern gelesen hab. – Es ist vielleicht noch nachziehende Schwermut, ich weiß nicht, was es ist; ich will Dein Herz nicht anrühren, mir ist, als wollt es ausruhen in sich, mir ist der ganze Brief wie ein Abschluß – ach nein, das nicht – wie ein Ordnen vor dem Abschied, wo Du mich ins Leben schickst wie ein älterer Bruder den jüngeren, nicht wahr? – aber nicht auf lang? – Du willst nur, ich soll mich mit mir allein besinnen, damit ich auch lerne, mir selbst raten. Drum, vom Brief wollen wir nichts reden. Ich verstehe alles. Und entweder empfind ich manches noch mit Weh, weil ich noch verwundet mich fühl oder weil ich nicht stark bin, eine göttliche Stimme aus Dir zu vernehmen; mit Weinen horch ich auf Dich. Ich lese aus Deinem Brief Deiner Stimme Laut, dieser rührt mir die Sinne, sonst nichts. Ich bin ein krankes Kind von müd gewordner Liebesanstrengung, und so muß ich jetzt weinen, daß die Sorge, ach ja! die Verzweiflung mir genommen ist! – Dumm bin ich und launig! – So heftig klopfte mir das Herz, als Dein Brief da war, es war schon Nacht – ich nahm ihn aber mit auf den Turm und bat die Sterne, daß alles sehr gut sein möge, was drin steht, und hab gefragt, ob es mir wohl Ruh geben werde, was drin steht? Was mir die Sterne geantwortet haben? – ach, ich weiß es gar nicht! Aber ich wollt die Unruh einmal nicht wieder auf mich nehmen. – Günderode, wenn ich auch je verdiente an Dir, daß Du Dich von mir wendest, ich hab's im voraus abgebüßt. – Dein Brief kam mir wie Nebel vor – ja, wie Nebel – und dann war's, als wenn dadurch ein Altar schimmert mit Lichtern, dann ist es wie ein Flüstern, wie Gebet in diesem Brief. – Ein Zusammenfassen all Deiner Geisteskräfte, als wolltest Du den Geist der Trauer in mir beschwören. – – Als der Ephraim heut kam, ich war gar nicht geneigt zum Lernen; – ich vergaß, ihn zu grüßen, da er doch eben von der Reise gekommen war, er sprach aber von selbst von seinen Enkeln allen, er saß, und ich stand am Tisch; aber weil er so freundlich immer meine Stille durch sanfte, melodische Mitteilungen anglänzte, wie sanfter Abendschein eine Wolke anleuchtet! die Wolke war so weich geworden von dem Leuchten der scheidenden Sonne, daß sie weinen mußte; ich traute nicht, den Mann anzuschauen, den alles Schicksal zur Schönheit reifte – und sein Leben eine lautere Sprache mit dem Göttlichen. – Denn was konnt ich vorbringen, warum ich so war? – Ich sagte: »Bleibt noch«, als er glaubte, ich wollt gern allein sein; denn, sagt ich: »Die Wände da sagen, du bist für nichts auf Erden, wenn ich allein bin. – Aber wenn Ihr da seid, so tun sich die Wände auf, und ich seh hinaus in den unendlichen Osten.« Ich nahm seine Hand in die meine, die er festhielt, und nun sprachen wir von seinen Kindern, denn ich wollt mich nicht so hingehnlassen, es ist auch einerlei, von was man mit ihm spricht, denn sein Wesen und sein Sprechen ist geistige Menschheit, und so heilströmend ist diese ideale Gesundheit in ihm, daß man immer mehr von seinen reinen Worten trinken möcht. Ach, Du schreibst, ich soll Dir recht viel von ihm erzählen. Wärst Du doch selber hier! – Vorgestern fiel mir's ein, wie die Abendröte schon dem Dunkel wich und das reine, kalte Blau durch die Fenster hereinleuchtete, daß es unendlich schön sein mußte, wenn wir drei zusammensäßen und sprächen so in die Nacht hinein. Alles Große spricht er so heiter aus, alles ist so einfach, so notwendig, als sei das Leben reiner geistig durchgebildet in ihm. Und das ist es auch. – Ich gab ihm Deinen Brief und sagte ihm, er solle es mir auslegen, warum ich mich nicht besinnen kann, und was es ist, daß ich mich nicht in die gewohnte Stätte sichern Vertrauens hineinfinde in diesem Brief, als sei die Pforte zu Deinem Herzen nebelverhüllt. Aber wie er wegging, war ich schon viel heiterer geworden, und am Tag vorher war ich auf dem Turm gewesen, aber die Sterne sagten mir nichts; ich besann mich nun da oben auf meine frühere Kindheit, auf meinen Vater, wie ich dem so schmerzstillend war. Wie die Mutter gestorben war und keiner sich zu ihm wagte, abends in den langen Saal, wo er im Dunkel allein saß vor dem Bild der Mutter, und die Laternen von der Straße warfen zerstreute Lichter hinein, da kam ich zu ihm – nicht aus Mitleid, denn ich weinte nicht mit ihm, grad wie Du in Deinem Brief sagst, es sei kein Mitleid, sondern Energie – oft hab ich mich selbst gewundert, daß ich immer kalt bin beim sogenannten Unglück, andere, denen es schwer auf der Seele liegt, die können oft nicht helfen, aber teilnehmen. Ich kann nicht teilnehmen, mich treibt's, die Dornen aus dem Pfad zu reißen. – Aber mit dem Vater war es anders. Ich glaub, es gibt vielleicht Augenblicke im Leben, wo ein rein Verhältnis zwischen Gottheit und Menschheit ist, so daß die Menschennatur sich dazu eignet, das zu übernehmen, was die Menschen Botschaft Gottes nennen, also das Amt der Engel verrichten. Denn ich lief unwillkürlich zum Vater hinein und umhalste ihn und blieb still auf seinen Knien sitzen, und solang es schon her ist und damals auch meine Gedanken nicht drauf gerichtet waren, so besinne ich mich doch der ruhigen Kälte in mir, und wie dem einsamen Vater die Schwere vom Herzen fiel, und er ließ sich von mir aus dem Zimmer führen. – Später im Kloster, in Fritzlar, als man uns seinen Tod mitteilte da frug uns die Oberin, ob wir keine Anzeige von seinem Tod gehabt hätten? ich sagte: ja, ich habe im Springbrunnen es gelesen. Da weckte mich nachts der Mondschein, und ich ging einen sehr ängstlichen Weg durch viele dunkle Gänge, bis ich zum Garten kam an den Springbrunnen, weil ich mit der Seele meines Vaters im Wasser reden wollte. Und ich ging alle Nacht hinunter, da redeten die Wellen mit mir wie jetzt die Sterne; es waren aber Geister damals, denn ich sah sie herumgaukeln in der Luft, quer durch den Mondschimmer, und bald hier im Gras oder in den hohen Taxusbäumen. Wenn Du aber fragst, wie es aussah, was ich zu sehen meinte, so muß ich Dir sagen, es war mehr ein Gefühl von etwas Höherem als ich, von dem ich durch meine Augen gewahr ward, daß es sei, und wo mir's im Gefühl war, daß es mit meinen Lebensgeistern sich zu schaffen mache und was mir diese Erscheinungen oder Nichterscheinungen mitteilten. Das war so, daß ich ganz willenlos war, wie der Erdboden auch willenlos ist, in den man Samen streut. – Ich sah nur zu, daß diese Geister mein Schauen durchkreuzten, und ein reines Bejahen ihres Willens war in mir, ohne daß ich mir diesen Willen in Gedanken hätt übersetzen können. Oh, ich glaub gewiß, die Geister müssen den Geist in die Menschenseele legen. Denn alles Wahrhaftige, was man denkt, ist Geschenktes; es überrascht später als Gedanke den Begriff, wie die Erscheinung der Blüte aus der Erde hervor uns auch überraschen müßte. – Und dann ist es so seltsam, daß diese Geistesbezauberung einen gleichsam betäubt, daß man alles vergessen muß, daß es wie tiefer Schlaf ist eine Weile in der Seele und daß dann gar nichts erinnerlich ist. – Phantasie? – was ist Phantasie? – ist das nicht der Geister bunter Spielplatz, auf den sie Dich als freundliches Kind mitnehmen, und so sehr auch alles Spiel ist, so hat es doch Beziehung auf die Geheimnisse in der Menschenbrust. – Und die Menschen wissen's nicht, wie sie zum Licht des Geistes kommen, denn dies ist eins von den Lebensgeheimnissen. Aber wie weiß ich's doch? – vielleicht, weil ich so festen Glauben in sie hatte, vielleicht ist's der Glaube, der die Geister fesselt, daß sie einem näher rücken müssen. Denn der Glaube bannt alles in einen hinein, und der Unglaube verjagt alles. – Aber – in Offenbach, bei der Großmama, da war's wohl schon zwei Jahr her, daß ich aus dem Kloster war, ich war schon zwölf oder dreizehn Jahr alt und guckte so um mich und hatte so ein dumpf Gefühl, als wenn alles närrisch wär rund um mich, alles Erziehungswesen, allen Unterricht, alle Sittenpredigt und Religionslehre, alles warf ich über einen Haufen, ich konnt's nicht begreifen als lebendig und konnt's nicht verwerfen, denn ich wußt nichts vom Leben. – Da war's auch so, daß ich in der Nacht fortgezogen wurde an eine ferne, öde Stätte, und da war's mir schon viel deutlicher, was ich erfuhr, es war mir viel gewisser, keinen Augenblick hatte ich mehr einen Zweifel, daß nicht alles nur beengende Narrheit sei, was um mich vorging, und was ich vom Leben, und wie man's nahm, gewahr ward – und niemals hätte mir irgendwer imponieren können, aber wie ich Dich sah, da war mir's klar in Dir, ich hätt nie an einem Wort können zweifeln, im Gegenteil war so manches, was wie Rätsel klang, als wenn jene Geister von Deiner Zunge mich anlispelten; und es dauerte auch gar nicht lang, so öffneten sich mir tiefe Lichtwege, und so, wie ich meinte, eben daß wohl die unmündigen, aber dem Göttlichen noch ganz vertrauten Sinne der Kinder zu Botschaftern göttlichen Einflusses auf die kranke Menschennatur sich eignen, so mögen wohl hochstrebende Naturen, deren Bahn sich nicht trennt vom Geist, wohl auch dazu taugen, daß die Geister sich mit Wort und elektrischer Wirkung durch sie mitteilen. So sind jene Geister meiner Kinderjahre durch Deinen Geist sprachselig zu mir geworden. – Ja, was wollt ich doch mit Dir reden? – das war, daß ich den ersten Tag, nachdem ich Deinen Brief empfing, nichts wie derlei Erinnerungen hatte und kein Reden mit den Sternen war; und gestern aber war ich so heiter geworden, und hier will ich Dir herschreiben, was ich da oben von den Sternen erfahren hab.

Der wahre Geist ist nicht allein, er ist mit den Geistern – so wie er ausstrahlt, so strahlt es ihn wider, seine Erzeugnisse sind Geister, die ihn wieder erzeugen.

Geist sind Sonnen, die einander strahlen – Licht nimmt Licht auf – Licht sehnt sich nach Licht – Licht geht über ins Licht – Licht vergeht im Licht. – Vielleicht ist das die Liebe. –

Was sich nach Licht sehnt, ist nicht lichtlos, denn die Sehnsucht ist schon Licht, die Rose trägt das Licht in der Knospe verschlossen. –

Die Schönheit, die sinnlich vergeht, die hat einen Geist, der sich weiter entwickeln will, der Rose Geist steigt höher, wenn ihre Schönheit verblühte. – Im Geist blühen tausend Rosen, die Sinne sind der Boden, aus dem das Schöne in den Geist aufblüht, die Sinne tragen die Rosen, sie blühen in dem Geist auf. – Der Geist ist Äther der Sinne – die Rose berührt den Atem, das Gesicht und das Gefühl! – Warum bewegt die Rose das Gefühl? – atme ihren Duft, und Du wirst bewegt; – gewiß war diese Seligkeit einmal die Deine – und jetzt, wo Du ihren Duft einatmest, fühlst Du den Geist der Rose, die längst verblühte, in Dir fortblühen.

Was ist Erinnerung? – Erinnerung ist viel tiefer als sich auf das besinnen, was wir erlebten. Auch in ihren Verwandlungen berührt sie ewig den Geist – sie ist unendlich – sie wird Gefühl – dann wird sie Gedanke, der reizt den Geist zur Leidenschaft; als Leidenschaft erzeugt sie den Geist aufs neue.

Aus jedem Lebenskeim entsteht Leben, Leben erzeugt fortwährend Lebenskeime, die alle blühen müssen. Alles Erlebte ist Lebenskeim, die Erinnerung trägt sie im Schoß.

Ich weiß wohl, warum von Rosen die Rede war mit den Sternen. – Einmal war ich heiter geworden, wie der Ephraim fort war – und dann schwamm noch rötlich Gewölk am Himmel, als ich oben auf der freien Warte ankam, und dann will ich nie wieder unfrei atmen! das ist nicht meine Sach, unter der Last keuchen! – setzest Du mir nicht einmal ums andere immer wieder neue Flügelpaare an, und die Sterne, wie lehren die mich doch die Flügel schwingen! und trag ich nicht Dein Leben in meiner Brust und meines auch? – und wenn ich so viel Flügel hab, was soll mir eine Last sein? – alles schwing ich auf gen Himmel, Schweiß wird mir's kosten, warum nicht Lasten tragen, wenn ich sie aufschwingen kann in die Himmel? – Was ist das, ein Athlete sein und nicht den Erdball auf den Fingern tanzen lassen? – Haben wir's nicht ausgemacht, wir wollen das gemeine Leben unter uns sinken lassen, haben wir nicht zueinander gesagt, laß uns schweben und nicht an diesem oder jenem festhalten? – und war's nicht das erste, worauf wir unser Sein begründeten, daß wir alles wollten wagen zu denken? – und ist der nicht unsinnig, der das Denken wollt vor die Türe stoßen, weist der nicht göttliche Botschaft ab? – und warum ist denn nur Geist, was frei schwebt, und was sich anlehnt, ist nicht Geist? – O ja! das begeistert mich, so zu denken, und der Nebel umflort Dich nicht mehr, und es ist hell, wie ich Dich denk – und wenn auch. – Wir können wohl über die Nebel hinaussteigen – Deine Fittiche wolle Dir nicht brechen lassen, ich sag dir gut, daß ich die Erde und ihren Frevel am Geist in Banden halten werd. – Was ist? – was kannst du gewinnen, was Du nicht wagst? – und was Du verlieren kannst, lohnt es der Mühe, es zu bewahren? Du verlierst nur, was Du nicht wagst. –

Ein Held sein und sich vor nichts fürchten, da kommt der Geist geströmt und macht Dich zum Weltmeer. – Die Wahrheit erfüllt Dich, der Mut umarmt die allumarmende Weisheit. – Die Wahrheit sagt zum Mut: brich deine Fesseln – und dann fallen sie ab von ihm. – Der Schein ist Furcht, die Wahrheit fürchtet nicht; wer sich fürchtet, der ist nicht wirklich, der scheint nur. – Furcht ist Vergehen, Erlöschen des wahrhaften Seins. – Sein ist der kühnste Mut zu denken. Denken ist gottbewegende Schwinge. – Wie sollte das göttliche Denken sich an die Sklavenfessel legen? – Ist das, was Ihr für wahr ausgeht, Wahrheit, so schwing ich mich im Denken zu ihr auf. –

Wenn ich mich aufschwinge, so ist's in die Wahrheit, lieg ich an der Fessel, so bin ich nicht an die Wahrheit gekettet. Freisein macht allein, daß alles Wahrheit sei; von was ich mich fesseln lasse, das wird zum Aberglauben. Nur was geistentsprungen mir einleuchtet, das ist Wahrheit – was aber den Geist fesselt, das wird Aberglaube. Geist und Wahrheit leben ineinander und erzeugen ewig neu.

So hab ich mich frei gemacht von meiner Furcht, weil Furcht Lüge ist. – Und Mut muß die Lüge überwinden. Und ich bin wieder eins mit Dir.

Ach, wieviel Strahlen brechen sich doch heut in meiner Seele!

Adieu, und der Lullu hab ich versprochen, daß ich mit nach Kassel geh, sie schreibt: nur auf drei Wochen. –


An die Günderode

Ich bin heut auf mancherlei Weise beglückt, erstlich hab ich heut wirklich einen Rosenstock in meinem Zimmer stehen, den mir einer heimlich hereingestellt hat, mit siebenundzwanzig Knospen, das sind Deine Jahre, ich hab sie freudig gezählt, und daß es grad Deine Jahre trifft, das freut mich so; ich seh sie alle an, das kleinste Knöspchen noch in den grünen Windeln, das ist, wo Du eben geboren bist. Dann kommt das zweite, da lernst Du schon lächeln und dahlen mit dem kleinen grünen, verschlossenen Visier Deines Geistes, und dann das dritte, da bist du nicht mehr festgehalten, bewegst Dich schon allein – und dann winkst Du schon mit den Rosenlippen, und dann sprechen die Knospen, und dann bieten sie sich dem Sonnenlicht, und dann sind fünf bis sechs Rosen, die duften und strömen ihre Geheimnisse in die Luft, und dieser Duft umwallt mich, und ich bin glücklich. – Wer hat sie mir wohl ins Zimmer gestellt? – Heut morgen kamen die Studenten herauf, und gleich war aller Blick auf den Rosenstock am Fenster gerichtet – denn es ist was Seltnes um diese harte Winterzeit hier in Marburg, denn ich glaube wohl nicht, daß Treibhäuser hier sind.

Der Ephraim war nicht da heute, wo sein Tag ist, den er sonst nicht versäumt, und als ich abends auf den Turm wollt, da kam sein Enkel, mir zu sagen, daß er unwohl ist – ich sag: »Was fehlt ihm?« – »Nur matt ist er«, sagte der Enkel, »sonst ist er ganz wohl.« – Ich sag: »Sieh den schönen Rosenstock.« – Er sagt: »Ich kenne ihn wohl, der Großvater hat ihn heute morgen durch mich geschickt, und weil es noch früh war, so hab ich ihn vor die Tür gesetzt.« – Ich frag: »Habt ihr ihn denn selbst gepflegt?« – »Ja, der Großvater hat ihn schon zum zweitenmal zur Blüte gebracht.« –

Es ist schön, daß der Rosenstock mein ist; wär doch der Ephraim wieder gesund, denn Du hast mir ja geschrieben, ich soll mit ihm von Dir sprechen, das letztemal konnte ich nicht, weil ich zu bang war; – vielleicht aber ist's, daß er meint, ich wär zum Lernen nicht aufgelegt, warum er sich's verbietet zu kommen, ich hab ihn aber bitten lassen, zu kommen, wenn er besser ist; ich hab ihm auch alten Madeira geschickt, er wird schon besser werden; es war sehr schön heut auf dem Turm, es ist Frühlingsluft, und die Abende sind heiter und rein; ich geh früher jetzt, schon immer, wenn die Sonne untergegangen ist, eh ich nach Haus geh, ist doch schon sternige Nacht; nun werd ich den Turm bald verlassen, die Lullu schreibt, am siebzehnten wird sie kommen, Du hast's gesagt, ich soll mit ihr gehen, und ich wollt ihr's auch nicht abschlagen – es war schön hier und vielbedeutend, und was soll ich mich fragen, was in mir geworden ist. Mein Geist ist voll geheimer Anregung, das ist genug, die Natur hab ich nicht beleidigt und meine innere Stimme auch nicht verleugnet.

Was den Geist verleugnet, das versiegt eine Geistesquelle – Buße ist ein Wiedersuchen, Wiederfinden dieser Quelle, denn echter Geist strömt Geist – Großmut verzeiht alles, aber duldet nicht, was gegen den Geist ist.

Großmut ist Stammwurzel des Geistes, durch die der Geist einen Leib annimmt, Handlung wird. Was nicht aus ihr hervorgeht, ist nicht Tugend.

Großmut dehnt sich willenlos aus über alles; wo sie sich konzentriert, da ist sie Liebe.

In der Liebe brennt Deine Seele in der Flamme der Großmut, sonst ist's keine Liebe. – Nur in der Großmut hat alles Wirklichkeit, weil in ihr allein der Geist lebt – so also nur kann die Liebe selig machen. –

Jede Liebe ist Trieb, sich selbst zu verklären. Wenn nicht dem Liebenden die Gottheit, die Weisheit das Haupt salbet und die königliche Binde umlegt, da ist's nicht die wahre Liebe.

Ein Liebender ist Fürst, die Geister sind ihm untertan; wo er geht und steht, begleiten sie ihn, sie sind seine Boten und tragen seinen Geist auf den Geliebten über. –

Das war meine gestrige Sternenlektion; seit die Rosen in meinem Zimmer blühen, sprechen sie als mit mir von Liebe. Heut morgen hab ich den

Rosenstock wieder ans Fenster gestellt, eh die Studenten kamen, und hab hinter dem Vorhang gelauscht, ob sie wieder heraufgucken; sie haben sich bemüht, die Rosen zu zählen, einer zählte siebzehn, der andere fünfzehn, so viel sind grade zu sehen, die andern sind noch zu klein – könnt ich jedem eine hinunterwerfen, sie an seine Mütze zu stecken.

Heut war der Ephraim bei mir, er wußte, daß ich die andre Woche geh, wir sprachen von meinem Wiederkommen, denn ich bleib nur drei Wochen mit der Lullu aus. – Wir sprachen von Dir; er sagte so viel Gutes von Dir, er las auch meine letzten Blätter an Dich, er sagte, man müsse nicht fürchten, daß, was man liebe, einem verloren gehn könne, weil er wohl erkannte, etwas in Deinem Brief mache mir bang um Dich; er sagte, Du seist einzig in Deiner Art, Du habest eine große Bahn, und wer nicht andre Wege gehe als die schon gebahnten und angewiesenen, der sei nicht Dichter. Es sind nicht tausend Dichter, es ist nur einer, die andern klingen ihm nur nach – klingen mit. – Wenn eine Stimme erschallt, so weckt sie Stimmen. Dichter ist nur, der über allen steht. Der Dichtergeist geht durch viele, und dann konzentriert er sich in einem. Oft wird er nicht erkannt, und doch steht er höher als alle. – –

Wer nicht andre Wege geht als die schon gebahnten und angewiesenen, der ist nicht Dichter. Und wenn nicht auf eigenem Herd das Feuer brennt, das ihn erleuchte und wärme, der wird kein anderes dazu beraten finden. Lodert aber auf Deinem Herd die Flamme, dann wird jede Dir leuchten und alle Dich wärmen. – Man kann ruhen im Geist, man kann tätig sein im Geist; aber alles, was nicht im Geist geschieht, ist verlorene Zeit. – Es wird wohl selten dem Dichtergeist sein Recht getan, der kühne Adel jener Gedanken, die wir als Dichtung erfahren, sollte wie Helden uns wenig imponieren. – – – Und so schwätzten wir noch ein Weilchen, und nicht alles hab ich behalten, was sich da ergab – aber der Ephraim war blaß, und sein Enkel brachte ihm noch einen Mantel; einmal will ich ihn noch sehen. – Auf dem Turm gewesen, aber nichts aufgeschrieben; es tut mir leid, daß ich mich vom Turm trenne; wo wird's wieder so schön sein, und was hab ich den Sternen nicht alles zu verdanken? Sie haben mir Wort gehalten. Nicht wahr, sie haben uns beide zusammen gepflegt, und was sie mir sagten, das haben sie auch Dir gesagt – und wir waren beide recht verschwistert in ihrer Hut. – Wie wird's sein, wenn ich wiederkehre? – diese vier Monate meines Lebens, ich konnte sie nicht schöner zubringen. – Nicht wahr, Natur und tiefer Geist, die haben mich hier freundlich empfangen, die zwei Genien meines Lebens. Der Ephraim. – In was für einer Welt leb ich denn? – ich träume, jawohl, ich schlafe, und die großen Geister haben mich in den Traum begleitet und haben zwischen die irdische Welt sich gestellt und mich, und so hab ich ein himmlisch Leben geführt. Wenn ich in diese Zeit schau, so ist sie wie ein Diamant, der mir vielmal die Sonne spiegelt. – Du hast mir gleich gesagt, geh mit, und Du hast recht gehabt – so hast Du auch gewiß recht, daß ich mit nach Kassel geh, ich geh auch mit großem Zutrauen, nichts darf länger währen, als nur die leiseste Anregung es mochte gestatten.

Ihr guten Studenten! heut haben sie wieder nach den Rosen gesehen – ich möcht sie euch alle abbrechen, eh ich weggeh, und sie euch auf den Kopf werfen. –

Der Ephraim darf nicht mehr den Berg heraufkommen, es ermüdet ihn zu sehr; auf seiner Reise zu den Enkeln, da war's so kalt, da hat er sich zu sehr angestrengt, er darf nicht mehr herauf, vielleicht, wenn ich wiederkehr, ist er wieder gesund, einundsiebzig Jahr ist er alt, aber mir wird er gesund bleiben; – wenn wir dies Frühjahr zusammen auf dem Trages sind, Savigny meint, Du werdest hinkommen, dann wollen wir ihm zusammen Briefe schreiben, nicht wahr? – und recht heitere – dies wird der letzte lange Brief sein, den ich Dir von hier schreib.

Die Lullu hat mir viel Grüße von Dir gebracht und sagt, Du freust dich, aufs Trages zu kommen, und Dein kleiner Brief bestätigt es auch, sie sagt, Du bist recht heiter, so bin ich auch ganz glücklich; ach, was hab ich Dich doch gepeinigt mit meiner Ängstlichkeit, die mir sonst nicht eigen ist, Gott weiß, wo's herkam, ich bin ganz lustig, ich begreif's nicht, daß ich so dumm war. Ich glaub, der Winterwind und die Sterne haben mich im Kopf und Herzen verwirrt gemacht; übermorgen reisen wir ab. –

Weißt Du, was ich getan hab? – ich ließ dem Ephraim sagen, ich werde zu ihm kommen, gestern, und ich hab mich zu ihm führen lassen um dieselbe Stund, wo er gewöhnlich kommt, aber es war gestern Freitag, und wie ich kam, saß er fein gekleidet auf seinem Sessel, und eine Lampe mit vier Lichtern war angezündet auf dem Tisch. Er wollte aufstehen, aber er ist müde. Und wie ist es doch? – ob er wohl heimgeht zu seinen Vätern? – Ich brachte ihm zwei Goldstücke für meinen Unterricht; er machte ein kleines Kästchen auf, wo ein Paar Trauringe drin liegen und allerlei Schmuck, er sagt, es sei von seiner verstorbenen Frau und von seinen Kindern. Er legte die Goldstücke dazu, das alles ist so fein, so edel.

Welch ein geistig Gemüt! O Ephraim, du gefällst mir unendlich wohl. Ich hatte ihm seinen Rosenstock zurückgebracht, er sollt ihn aufbewahren, die Rosen sind viel mehr aufgeblüht, wie schön standen sie bei der hellen Lampe zu seinem schneeweißen Bart. Ich sagte: »Die Rosen und Euer Bart gehören zusammen, und ist mir lieb, daß ich keine abgebrochen habe, denn Ihr seid vermählt zusammen mit den Rosen, sie sind Eure Braut. Ich war ein paarmal versucht, sie abzubrechen und sie den Studenten hinunterzuwerfen, weil sie so lüstern danach hinaufsahen.« Er sagte: »Oh, wenn Sie es erlauben, so will ich sie schon unter den Studenten austeilen, es besuchen mich alle Tage welche, und dann werden schon mehrere kommen, wenn sie wissen, daß es Rosen bei mir gibt.« Das war ich zufrieden, und ich freu mich recht darüber, daß meine Studenten noch meine Rosen kriegen.

Er hat mich aber gesegnet, wie ich von ihm ging, und ich hab ihm die Hand geküßt; und wie ist doch der Geist so schön, wenn er ohne Tadel reift. Sein Enkel mußte mich nach Haus begleiten auf seinen Befehl, weil ich nur eine Magd bei mir hatte. Ich schickte ihn aber bald wieder zurück und hab dem Enkel gesagt, er soll dem Großvater sagen, daß er alle Tage meiner gedenke, bis ich wiederkomm. – Als ich wegging vom Ephraim, legte er mir die Hand auf den Kopf und sagte: »Alles Werden ist für die Zukunft.«

Ich ging zu Hause gleich nach dem Turm, weil ich mich noch einmal recht deutlich besinnen wollt auf dieses mächtige und doch so einfache, friedenhauchende Geistesgesicht, so wie ich ihn eben verlassen hatte im Schimmer der hellen, polierten, vierfachen Lampe, die Rosen bis zu seinem weißen Bart sich neigend, so hab ich ihn zum letztenmal gesehen. Deutet dies nicht auf seinen Abschied vom Erdenleben, das er so mühevoll, so friedlich, so freudevoll durchführte? denn auch mir hat er beim Abschied gesagt: »Sie haben mir viel Freude gegeben.« – Und wie ich eine ganze Weile an ihn gedacht hatte, so besann ich mich auf seine Worte: ›Alles Werden ist für die Zukunft.‹ – Ja, wir nähren uns von der Zukunft, sie begeistert uns. – Die Zukunft entspringt dem Geist wie der Keim der nährenden Erde. – Dann steigt er himmelauf und blüht und trägt Erleuchtung. – Der Baum, die Pflanze ist der Geist der Erde, der aufsteigt zum Licht, zur Luft. Der Geist der Erde will sich dem Licht vermählen, das Licht entwickelt die Zukunft.

Alles echte Erzeugnis ist Auffahren zum Himmel, ist Unsterblichwerden.

Und die Schönheit dieses Mannes leuchtete mir da in der letzten Stunde auf dem Turm so recht hell auf, denn das Bild mit den Rosen, es war, als hätt es mein Genius bestellt, daß ich's recht fassen solle, wie Du die Tempelhalle geweiht achtest, von der Du weißt, daß inner ihren Mauern die Opferflamme lodert, der Tempel ist nur dann heilig, wenn er den Menschen, den eignen Leib darstellt – und des Gottes Lehre den eignen Geist. – Das hat er einmal gesagt zu mir. Und eben sah ich noch die Studenten ins Kolleg gehen, und sie waren recht verwundert, daß der Rosenstock nicht mehr da war. Ich sah's ihnen an, es war ihnen leid, sie hatten nun schon acht Tage hintereinander die Rosen gezählt. – Wartet nur, ihr werdet ihn bald ausfindig machen, und dann werden die Artigsten unter euch meine Rosen in der Weste tragen dürfen.

Bettine

Anhang

### DER FRANKE IN ÄGYPTEN

Wie der Unmut mir den Busen drücket,
Wie das Glück mich hämisch lächelnd flieht.
Ist denn nichts, was meine Seele stillet,
Nichts, was dieses Lebens bange Leere füllet? –
Dieses Sehnen, wähnt ich, sucht die Vorwelt,
Die Heroenzeit ersehnt mein kranker Geist.
An vergangner Größe will dies Herz sich heben,
Und so eilt ich deinem Strande zu,
Du, der Vorwelt heiligste Ruine,
Fabelhaftes Land, Ägypten, du!
Ha! da wähnt ich aller Lasten mich entladen,
Als der Heimat Grenze ich enteilet war.
Träumend wallt ich mit der Vorzeit Schatten,
Doch bald fühlt ich, daß ich unter Toten sei.
Neu bewegte sich in mir das Leben,
Antwort konnte mir das Grab nicht geben. –
Ins Gewühl der Schlachten

Warf ich durstig mich,
Aber Ruhm und Schlachten
Ließen traurig mich:
Der Lorbeer, der die Stirne schmückt,
Er ist's nicht immer, der beglückt.
Da reichte mir die Wissenschaft die Hand,
Und folgsam ging ich nun an ihrer Seite,
Ich stieg hinab in Pyramidennacht,
Ich maß des Möris See, des alten Memphis Größe;
Und all die Herrlichkeit, die sonst mein Herz geschwellt,
Sie reicht dem Durstigen nur der Erkenntnis Becher.
Ich dachte, forschte nur, vergaß, daß ich empfand. –
Doch ach! die alte Sehnsucht ist erwacht,
Aufs neue fühl ich suchend ihre Macht.
Was geb ich ihr? Wohin soll ich mich stürzen?
Was wird des Lebens lange Öde würzen?
Ha! Sieh, ein Mädchen! wie voll Anmut,
Wie lieblich, gut erscheint sie mir!
Soll ich dem Zuge widerstreben,
Doch nein! ich rede kühn zu ihr.
Ist dies der Weg der Pyramiden?
Oh, schönes Mädchen! sag es mir!

### Mädchen
Du bist nicht auf dem Weg der Pyramiden,
O Fremdling! doch ich zeig ihn dir.

### Franke
Brennend sengt die heiße Mittagssonne,
Jede Blume neigt das schöne Haupt,
Aber du, der Blume schönste, hebest
Jung und frisch das braungelockte Haupt.

### Mädchen
Willst du in des Vaters Hütte dich erkühlen?
Komm, es nimmt der Greis dich gerne auf.

**Franke**

Welchen Namen trägst du, schönes Mädchen?
Und dein Vater, sprich, wo wohnet der?

**Mädchen**

Lastrata heiß ich; und mein guter Vater,
Er wohnt mit mir im kleinen Palmental;
Doch nicht des Tales angenehme Kühle,
Nicht Bächemurmeln, nicht der Sonne Kreisen
Erfreuet meinen guten Vater mehr.

**Franke**

Wie! freut den Vater nicht des Stromes Quellen,
Der Palmen lindes Frühlingssäuseln nicht?
Ich faß es; doch, wie es ein Gram mag geben,
Der deiner Tröstung möchte widerstreben,
Das nur, Lastrata, faß ich nicht.

**Mädchen**

Italien ist das Vaterland des Greisen,
Und vieles Unglück brachte ihn nur hierher.
Mit sehnsuchtsvollem Blick schaut er am Mittelmeere
Hinüber in das vielgeliebte Land.
Und seufzend sehn auch ich hinüber
Nach jenen blütenreichen Küsten mich.
Erkranket ruht mein Geist auf jener blauen Ferne,
Und schöne Träume tragen mich dahin.
Sag, wogt nicht schöner dort der Strom des Lebens?
Sehnt dort die kranke Brust auch sich vergebens?

**Franke**

Mädchen! ach! von gleichem Wunsch betrogen,
Wähnt ich: Schönes berg die Ferne nur,
Doch umsonst durchsegelt ich die Wogen,
Hat auch diese Ahnung mir gelogen,
Die du, Mädchen, jetzt in mir erweckt. –

**Mädchen**

Fremdling! kannst du diese Sehnsucht deuten?
Fühlst du dieses unbestimmte Leiden,
Dieses Wünschen ohne Wunsch?

**Franke**

Ja, ich fühl dein Sehnen, fühl ein Leiden.
Doch jetzt kann ich diese Wünsche deuten,
Und ich weiß, was dieses Streben will.
Nicht an fernen Ufern, nicht in Schlachten,
Wissenschaften! nicht an eurer Hand,
Nicht im bunten Land der Phantasien
Wohnt des durstgen Herzens Sättigung.
Liebe muß dem müden Pilger winken,
Myrten keimen in dem Lorbeerkranz,
Liebe muß zu Heldenschatten führen,
Muß uns reden aus der Geisterwelt. –
Mächtger Strom! ich fühlte deine Wogen,
Unbewußt fühlt ich mich hingezogen.
Nur wohin! wohin! das wußt ich nicht.
Wohl mir! dich und mich hab ich gefunden.
Liebe hat dem Chaos sich entwunden.